www.tredition.de

AF189975

Gerhard Hänggi

Die Welt-
politisch in akuter
Schieflage

© 2018 Gerhard Hänggi

Verlag und Druck: tredition GmbH, Hamburg

ISBN
Paperback: 978-3-7469-8448-3
e-Book: 978-3-7469-8450-6

Inhaltsverzeichnis

Einleitung

Vorweg sei festgehalten, dass der Inhalt dieses im September erscheinenden Buches aus über 40 Jahren Beobachtung der immer komplexeren Verhältnisse in unserer Welt entstanden ist.

Es sind in erster Linie wissenschaftliche Erkenntnisse, welche die Ereignisse voraus ahnen lassen – es sind in erster Linie das vernetzte Nachdenken über Wirkung und Auswirkungen von bestimmten Gesetzen, Verhaltensweisen und Handlungen, die Menschen weltweit in bestimmte Situationen bringen mit verhängnisvollem Ausgang.

Es stellt sich die Frage, ob der Mensch sich nicht immer öfter selbst im Wege steht, ob er überhaupt Dinge, die er erschafft noch zu beherrschen weiss, ob er nicht am Ende dieser Form von Menschsein das sukzessive Aus bereitet – zerstört, was diese Art von Menschheit in tausenden von Jahren geschaffen und sorgfältig erhalten hat.

Eine besondere Gewichtung gilt der Einschätzung des menschlichen Lebens an sich. Immer mehr Menschen in mehr oder weniger gut organisierten Gruppierungen scheinen das einzelne Leben eines Menschen wertlos zu halten, so dieses sich nicht zu ihren eigenen Zwecken missbrauchen lässt. Solche Gruppierungen entstehen wie Phoenix aus der Asche, erobern gewisse Gebiete und enden in kämpferischem Untergang.

Es macht den Anschein, dass Menschen ganz generell aus ihrer Erziehung heraus sich bestimmte Vorteile gegenüber anderen verschaffen wollen und für diesen offensichtlichen Machtmissbrauch alle Mittel nutzen. Aus der Geschichte lässt sich ableiten, dass die ursprüngliche Lebensgemeinschaft einzelner Volksstämme, die das Ziel hatten, ihrem Leben eine Daseinsberechtigung zu geben, allmählich innerhalb der eigenen Volksstämme divergierende Zweck- oder Interessengemeinschaften bilden, die sich gegenseitig bekämpfen, um die Vorherrschaft ringen. Jeder Zweck scheint die eingesetzten Mittel zu rechtfertigen.

Die Welt, in der wir heute leben, ist politisch und wirtschaftlich in akuter Schieflage. Die Welt hat sich in hunderten von Jahren nicht verbessert. Die Umwelt reagiert jedoch nur relativ langsam auf gewisse Schädigungsprozesse. Am schnellsten reagieren wohl Pflanzen und Tiere, deren Artenvielfalt dramatisch zurück gegangen ist.

Als Denkanstösse sollen zentrale Themen aufgegriffen, überdacht und auf ihre Auswirkungen geprüft werden. Die Überlegungen dazu sind nicht abschliessend und auch nicht zwingend vollständig. Es sind Denkanstösse, die dem einen oder anderen Leser Mut machen, den einen oder anderen Vorschlag in der Praxis auszuprobieren und bei gewissem Erfolg tatkräftig in Gruppierungen umzusetzen.

Ergänzende Anregungen können aus aller Welt in die Internetplattformen eingebracht werden, womit diese Gedanken rasch um sich greifen und vielleicht die Kraft erhalten, die Welt aus ihrer akuten Schieflage zu befreien. Die nachkommenden Generationen werden es danken, so wie jedem Leser gedankt sei, der sich mit den Problemen, welche die Ursache für die Schieflage sind, befasst und mit anderen Menschen darüber spricht und nach dem Wort die Tat folgen lässt.

Noch ist nichts verloren, noch kann man mit beherztem Wandel des Denkens und Tuns die Welt auf Kurs bringen – auf einen Kurs der besseren Lebensqualität für alle Menschen. Dabei hilft uns keine <höhere Gewalt>, kein Zufall und auch kein Glück. Einzig die Menschen selbst verfügen über die aktive Energetik, die sinnvollen Gedanken in ein wirkungsvolles Tun umzusetzen.

Das Buch ist als Arbeitsbuch gedacht, weshalb am Ende eines jeden Kapitels Arbeitsseiten eingefügt sind. Hier kann der Leser oder die Arbeitsgruppe, die mit der Umsetzung der Ideen und Denkanstösse betraut sind, die spezifischen Problemkreise für sein Land definieren.

31. Oktober 2018
Gerhard Hänggi

Dem Autor liegt es daran, dem tredition Verlag Hamburg und insbesondere Frau Theresa Reichelt für die ausgezeichnete Autorenbetreuung auf diese Weise sehr herzlich zu danken.

KAPITEL 1
DIE UMSTÄNDE UNGLAUBLICH –
ABER WAHR

In unserer extrem materiell ausgerichteten Lebensweise werden Menschen aller Gattung und Herkunft fast zwangsläufig in die Illegalität ihres Tuns geführt. Der Weltenlauf ist nun einmal so, dass es seit Menschengedenken Wohlhabende und wenig oder nichts Habende gibt. An diesem Umstand haben weder Erziehung noch Religionen oder die Rechtsprechung bislang etwas ändern können.

Bei statistischen Vergleichen über viele Jahrhunderte hinweg zeigt es sich ganz deutlich, dass die Reichen immer mehr besitzen und die Armen immer weniger. Wohl jedermann weiss deshalb, dass viele Arme stets am Rande der Illegalität leben und dabei Dinge tun, die sie eigentlich nie tun würde, wenn sie unter anderen Umständen und in anderer Umgebung zur Welt gekommen und aufgewachsen wären.

Viele Organisationen und Vereinigungen sind insbesondere nach den beiden Weltkriegen entstanden – alle mit dem Ziel, etwas gegen das Ungleichgewicht in dieser Welt zu tun. Unzählige Konferenzen wurden durchgeführt, viele Verbesserungsvor-schläge auf die Tische gebracht, Wortschlachten in öffentlichen unbewilligten und bewilligten Demonstrationen gegen die Armut und das soziale Ungleichgewicht geschlagen. Selbst der Einsatz der gigantisch gewachsenen Medienmacht wurde beansprucht. Doch alle, die glaubten sie bewegten etwas endeten in der Ohnmacht der bestehenden Systeme. Systeme, die einmal von Menschen geschaffen wurden, die sich die Macht zu eigen machen wollten und letztlich in ihrer Vergänglichkeit auf

Erden selbst daran gescheitert sind, weil ein überirdisches Gesetz unumstösslich ist: der Mensch kommt mit Nichts auf die Welt und verlässt sie auch wieder mit nichts.

Also spielt sich das ganze Drama um Haben und Sein für jeden Menschen früher in rund 60 Jahren, heute in rund 70 bis 90 Jahren ab. Diese Jahrzehnte sind es, in denen das Lebenspendel eines jeden Menschen auf Gut oder Böse gestellt wird, teils durch den Einfluss anderer, teils durch jeden Einzelnen selbst.

Auf den Punkt gebracht, bedeutet dies doch nichts anderes, als dass diese Besorgnis erregende Entwicklung einer stetig wachsenden Armut und Hablosigkeit zu immer mehr Kriminalität führt, gegen die mit keinerlei Mitteln vorgegangen werden kann. Aussichtslos sind also die Bemühungen vieler NGO – nicht Gewinn orientierten Organisationen, die Balance der Lebensqualität einigermassen ins Lot zu bringen.

Die Welt, auf der wir leben in Länder aufgeteilt verführt zum Erstellen von Rangstufen wie z.B. Industrieländer, Schwellen- und Entwicklungsländer oder Dritt Welt Länder. Einen direkten Nutzen eines solchen Rankings ist nicht auszumachen, ausser dass die Verteilung von Finanz- und Güterhilfen vielleicht etwas besser gesteuert werden können.

Soll die Welt in Zukunft in einer besseren Verfassung als sie derzeit diagnostiziert werden kann, den Menschen Lebensraum und Lebensqualität bieten, muss eine brachiale Änderung der derzeitig aktiven Systeme angestrebt werden – eine Art <Innovatismus>, der jedem Menschen, der in diese Welt geboren wird, eine minimale Chancengleichheit seiner Entwicklung zu einem Wertfaktor als <Homo sapiens> sichert.

Dieser neue <Innovatismus> ist frei von jeglichen Vorurteilen, frei von Religionszugehörigkeiten und frei von Völkerfeindlichkeiten. Er gründet allein auf der Tatsache, dass jeder geborene Mensch Teil der menschlichen Gemeinschaft ist, die sich darum kümmert, dass er sich in dieser Gemeinschaft zu einem Existenz gesicherten Wesen entwickeln kann.

Kann sich der <Innovatismus in dieser Welt sukzessive entwickeln und weltweit durchsetzen, werden Milliarden Gelder frei, die heute für <Scheinsicherheiten> ausgegeben werden. Mit diesem Kapital lässt sich die Wirtschaft als Lebensmotor des menschlichen Seins gezielt dort entwickeln, wo sie hilft, echte Lebensverbesserungen zu bringen.

Ein Wort zum <Innovatismus>.- es ist die Bezeichnung für die Umsetzung einer Willensbekundung ohne Wenn und Aber. Diese Bewegung hat aber keine diktatorischen Züge, sondern bezieht die menschliche Gemeinschaft in das Programmgeschehen ein. Die ultimativen Vorgaben sind einleuchtend und werden in den folgenden Kapiteln umfassend im Sinne des gelebten <Innovatismus> dargelegt.

- Lebensraumgestaltung
- Wohnraumgestaltung
- Wirtschafts- und Finanzgestaltung
- Energie-, Transport- und Verkehrsgestaltung
- Gesundheits-, Alters- und Sozialfürsorge
- Bildungs- und Forschungsgestaltung
- Kunst- und Kulturgestaltung
- Sicherheits- und Notstandsgestaltung

Mittels <Innovatismus> werden nicht nur Forderungskataloge aufgestellt und Prioritäten in den Investitionsbereichen nach einer Risiko- und Bedürftigtenabklärung entwickelt, sie enthalten auch einen Zeitplan in 5 Jahresschritten und ein umfassendes Controlling.

Im <Innovatismus> erhalten alle Menschen ihre Aufgaben gemäss ihren Talenten und physischen Fähigkeiten zugewiesen. Eine derartige Veränderung der Lebensweisen auf dieser Welt muss in längstens 20 Jahren nach Beginn abgeschlossen sein; denn sonst versandet das gesamte Prinzip sang und klanglos, wie so viele andere geniale Ideen und Projekte zuvor.
Die grösste Gefahr für das Scheitern liegt wiederum bei den Menschen selbst. Sie sind im Laufe der Jahrhunderte aus der Versklavung durch Menschenhandel über die Stufe der <Untertanen> aus einer unmündigen Lebensgemeinschaft in vielen Teilen dieser Erde zu einer mitbestimmenden Gemeinschaft gewachsen. Auf diesem Weg der Entwicklung haben sie aber den Mut zum Wagnis liegen gelassen. Einer, der etwas wagt, exponiert sich, eckt an und wird früher oder später ausgestossen.

Dabei schreit die ganze Welt sporadisch nach INNOVATIONEN – also Erneuerungen, die durch Verlassen der ausgetrampten Pfade am ehesten entstehen. Tausende Menschen besuchen Innovationsseminare, werden ermutigt und angeregt, Neues zu entdecken, zu entwickeln, herzustellen. Sie schreiten aus dem gegenwärtig Praktischen fort und begründen dadurch den Fortschritt.

Der <Innovatismus> zeichnet sich vor allen dadurch aus, dass er nicht <Wortmenschen>, sondern <Tunmenschen> aufnimmt, die weniger reden, dafür umso mehr durch ihr

Tun bewegen. Solche Menschen finden sich in allen Kontinenten, Nationen und Regionen. Der <Innovatismus> ist keine kollektive Macht, sondern immer eine lokale, stark verwurzelt mit dem Machbaren einer Region.

Der <Innovatismus> bietet jedem Menschen im Rahmen seiner Möglichkeiten und Fähigkeiten berufliche Einsätze zu leisten, d.h. er hat in seiner Gesellschaft eine Aufgebe und damit einen Stellenwert, der ihm das Selbstbewusstsein gibt. Er muss in dieser Umgebung seinen Willen schärfen und erkennen, dass nur mit dem Tun eine gewisse Zufriedenheit – auch materielle Absicherung verbunden ist.

Die Mütter und Kinderbetreuerinnen müssen ihre Kinder auf den <Innovatismus> vorbereiten. Schon die Kleinsten lechzen nach Aufmerksamkeit und Lob beim Gelingen einer Aufgabe.

Wo all dies nicht geschieht leben oftmals mehr als die Hälfte aller Menschen in einer trost- und hoffnungslosen Lebensumgebung, in der sie sich selbst ihre Programme schmieden, denn inaktiv kann die Spezies Mensch einfach nicht sein.

Werden Menschen aus ärmsten Verhältnissen nicht zu Programmen ihrer eigenen Lebensgestaltung herangeführt, gehen sie Gemeinschaften mit ihresgleichen ein, die meistens in kriminellen Machenschaften und Banden ähnlichen Auftritten enden. Die bekannte Philosophin Hanna Arendt hatte schon in den 50iger Jahren in ihrem Buch <Vita activa> beschrieben, dass der Mensch auf irgendeine Weise sinnvoll beschäftigt werden will, weil dadurch sein Selbstbewusstsein gestärkt wird. Ein Mensch ohne Tätigkeit fühlt sich nutzlos, wird allein gelassen und dadurch anfällig auf jeden Vorschlag, der ihn vermeintlich ein Quäntchen Nutzen, Achtung und Wertschätzung bringen mag. Solche Menschen in Not sind auch nicht mehr in der Lage etwas Gutes von Bösem zu unterscheiden – sie verfallen ganz einfach jedem Angebot <etwas tun zu können> und fühlen sich vielleicht ein erstes Mal in ihrem Leben nicht als Versager.

Gerade ganz junge Menschen tappen in diese Fallen meist gut organisierter Gruppierungen, deren gut geschulten Exponenten solche Menschen systematisch aufspüren und sie zu Werkzeugen ihrer fatalistischen Visionen machen. Noch vor Jahren war es eine verschwindend kleine Minderheit – heute finden sich die Exponenten an allen Ecken der Welt, bevorzugt in Regionen, in denen Armut und Trostlosigkeit den Lebensablauf bestimmen.

Aus Sicht des Autors muss jetzt ein Schlussstrich unter diese fatalen Zustände gezogen werden. Es braucht die Kraft und den Einsatz aller Menschen, dem globalen <Innovatismus> zum raschen Durchbruch zu verhelfen – damit diese Welt die nächsten Jahrzehnte und Jahrhunderte unbeschadet überlebt.

Problemkreise - weltweit nach deren Auswirkung

1. ....

2. ....

3. ....

4. ....

5. ....

6. ....

7. ....

8. ....

9. ....

10. ....

Bemerkungen

Problemkreise - kontinental und deren Auswirkung

1. ....

2. ....

3. ....

4. ....

5. ....

6. ....

7. ....

8. ....

9. ....

10. ....

Bemerkungen

Problemkreise - landesspezifisch und deren Auswirkung

1.   ....

2.   ....

3.   ....

4.   ....

5.   ....

6.   ....

7.   ....

8.   ....

9.   ....

10.   ....

Bemerkungen

Problemkreise – regional/ortsspezifisch und deren Auswirkung

1. ……………………………………………
2. ……………………………………………
3. ……………………………………………
4. ……………………………………………
5. ……………………………………………
6. ……………………………………………
7. ……………………………………………
8. ……………………………………………
9. ……..………………………………………
10……………………………………………………
………

Bemerkungen

KAPITEL 2
POLITIK - LEBENSQUALITÄT ALS OBERSTES ZIEL

Politik ist das Werkzeug der Menschen, mit dem sie ihren Lebensraum, ihre Lebensweise und ihre Lebensqualität gestalten können. Politik ist das Werkzeug eines Einzelnen, von Gruppierungen oder der menschlichen Gemeinschaften in einem Land, in einer Region, in einem Bezirk oder in einer Stadt oder in verschiedenen Kulturen.

Politik ist aber nicht nur Werkzeug, sondern auch der Weg zu den verschiedenen Zielen, die alle das einvernehmliche Leben auf dieser Welt vereinen. Leben, das die ganze Natur umfasst, den Micro als auch den Makrokosmos. Die Spezies Mensch ist im höchsten Mass befähigt, durch Denken – Vordenken, Nachdenken – Einfluss auf die Gestaltung der verschiedenen Lebensräume zu nehmen. Forschung und Entwicklung sind die Disziplinen, mit denen der Schritt zum Fortschritt möglich wird. Letztlich dienen Forschung und Entwicklung der Optimierung aller Lebensumstände, welche die Natur als Ganzes und das pflanzliche und tierische wie menschliche Leben im Spezifischen begünstigen.

Die Politik ist seit Menschengedenken im Abendland aus dem Selbstzweck einzelner Herrscher entstanden, die sich Stammesfürsten, Fürsten, Könige oder Kaiser genannt hatten und die mit ihrer Politik in erster Linie ihre Machtposition stärkten und ihr Volk als Leibeigene und Untertanen bezeichnet hatten. Ihre Politik konnte sich aber nicht allein durch ihr Wirken behaupten. Um die Menschen gefügig zu machen, brauchte es eine Heerschar von Gottheiten, die alle für irgendeine Stärke oder Schwäche der Menschheit zuständig waren. Mit diesen künstlich geschaffenen Machtpotentaten liessen sich Regeln zu einer wie auch immer gearteten Lebensweise aufstellen. Die überirdische Allmacht stand mit einem Mal der irdischen Macht zur Hilfe. Der Götterkult kannte in vielen menschlichen Gemeinschaften keine Grenzen, bis hin zu den Opfern, die ihnen dargeboten wurden – in der Hoffnung oder im Glauben, sie zu besänftigen oder gar helfend einzuwirken.

Von der Götterschar in tausenden Jahren vor Christus wandelte sich die Allmacht der Götter zu einer einzigen Globalmacht einer Gottheit, dem auch die Schöpferkraft zugeordnet wurde. Die menschlichen Gemeinschaften haben sich aber als christliche Gemeinschaften nicht auf eine Gottheit einigen können. Die eine christliche Gemeinschaft sieht in Gott Vater den Allmächtigen, eine andere huldigt dem Sohne des Gottvaters und wieder eine andere sieht in der Dreifaltigkeit – Vater, Sohn und Heiliger Geist – die göttliche Allmacht. Einige Jahrhunderte nach Christus kam eine weitere Glaubensgemeinschaft in die Welt, die Allah als höchste Gottheit verehrt.

Die Politik war in diesen Jahrhunderten des Mittelalters ungemein abhängig von dem dualen Führungsprinzip der Staaten, in denen Politik und Kirche gemeinsam regierten. Die Ausrichtung der Lebensweise der Menschen war nun an die Bibel, an die 10 Gebote und an die Evangelien der Apostel sowie an den Koran gebunden.

Vereint im Sinne missionarischer Aktionären hat das Christentum Jahrhunderte versucht, die nicht christlichen Völker zum Christentum zu bekehren – sie also von ihren Göttern und Dämonen hin zum einzig wahren Gott zu bringen. Die politische Absicht war immer die eines Zugewinns an Länder, an Rohstoffe und an Edelmetalle. Staat und Kirche gingen im Konsens gegen das Heidentum vor, parallel zum Kolonialismus, bei dem die Entdeckung und Eroberung neuer Erdteile das Ziel war.

Die Politik war konzentriert im Verbund mit der Kirche oder den Kirchen an der Eroberung neuer Länder interessiert; denn Macht war letztlich auch durch Grösse gefestigt. Ob die Menschheit durch diese Verschmelzung von Staat und Kirche bezüglich ihrer Lebensqualität eine Verbesserung erfahren haben, lässt sich historisch nicht beweisen. Eindeutige Profiteure waren natürlich die Herrscher, Kirchenfürsten und einige präfernzierte Familien mit Handelsgeschäften, die zu unermesslichem Reichtümern kamen.

Die Politik war eigentlich über viele Jahrhunderte auf reiner Machtausübung, Machtausweitung und schliesslich Machterhalt ausgerichtet. Die politisch Mächtigen nutzten die Errungenschaften der Wissenschaften zuerst für sich, nur die Kirchen nahmen sich den Bedürftigen und kranken Menschen an, die meistens durch die Herrscher von der menschlichen Gemeinschaft ausgegrenzt wurden – ausserhalb den Stadtmauern in Siechenhäusern auf ihren sicheren Tod warten mussten. Eine Demokratie, wie sie heute verstanden wird, gab es nicht.

Der Dualismus zwischen Kirche und Staat verlor im Lauf der Zeit an Zusammenhalt und Wirkung. Die Menschen wollten mündiger sein, wollten mitbestimmen, wie und womit sie ihr Leben gestalten wollten. Aus den ursprünglichen grossen Religionsgemeinschaften gingen neue Gemeinschaften von Freikirchen und Sekten hervor, meistens

aus dem Grund, weil sich die grossen Religionsgemeinschaften nicht den Zeitströmungen anpassten und dies
noch heute kaum tun. Die ehemals grossen Religionen haben durch die Selbstbestimmung der Menschen an Einfluss auf die Lebensführung verloren, wenngleich es jeden
Menschen auszeichnet, der an eine göttliche Schöpferkraft
glaubt und durch diesen Glauben auch innere menschliche
Kräfte entwickeln kann, die bis zu Überlebensstrategien
gehen können.

So kommt es, dass gerade Menschen in Notlagen den
Glauben an eine <höhere Kraft> als Grundlage der Hoffnung auf eine verbesserte Lebensweise nutzen. Die Religi-
ons-gemeinschaften können aber mit ihren reduzierten
Ressourcen die wachsende Notlage überall auf dieser Welt
nicht wirklich verbessern. Die Kluft zwischen Armut und
Reichtum wird immer grösser, und die Aussichtslosigkeit
auf eine Veränderung dieser Tatsache immer stärker be-
stätigt. Diese mit diesen Umständen immer stärker wachsende Perspektivlosigkeit trifft vor allem Millionen von
Jugendlichen, die ohne Bildung und Beschäftigung am
Sinn ihres Daseins zweifeln und damit zu geeigneten Opfern fanatischer und fundamentalistischer Gruppierungen
werden, die das Paradies des Menschen im Jenseits ver-
künden und dadurch vor allem Jugendliche in den Selbst-
mord treiben.

Diese fundamentalistisch organisierten Gruppierungen,
die sogar einen <Scheinstaat> führen, haben nichts mit der
ursprünglich geschaffenen Religion zu tun. Es sind Gruppierungen aus Verbrechern und Mördern, die vorgeben,
im Sinne ihres <obersten Herrschers> zu handeln mit dem
Ziel, die Welt unter ihre Herrschaft zu bringen. Diesen
Gruppierungen, wo immer sie unter bestimmten Namen

auftreten, muss man mit aller Entschiedenheit entgegen treten, indem man sie mit allen verfügbaren Mitteln an ihrer mörderischen Expansionspolitik hindert und den Menschen in aller Welt wieder die Sicherheit für eine geordnete und prospektive Lebensführung gewährleistet. Mord an unschuldigen Menschen – Frauen, Männern und Kindern – war und ist niemals tolerierbar.

Doch kurz zurück aus der Gegenwart in die Vergangenheit der letzten 100 Jahre. Zu Beginn der Industrialisierung war die Macht in die Fabriken verlagert worden, die für einen beispiellosen Wirtschafts-aufschwung sorgten durch den alle arbeitswilligen Menschen eine bezahlte Beschäftigung fanden. Die Fabriken nutzten den Menschen als Arbeiter an den Maschinen, die im Gegensatz zum Handwerk grosse Serienproduktionen ausstossen konnten. Der Erfindergeist war mit einem Mal in Europa so gewaltig, dass alle Nationen davon profitierten. Doch das Wirtschaftswachstum war nicht von Dauer. Anfang des 19. Jahrhunderts führte eine erste ernsthafte Notlage zum 1. Weltkrieg und dreissig Jahre danach zum 2. Weltkrieg, bei dem auch die politische Verfolgung einer Christengruppe im Vordergrund stand. Millionen Menschen wurden von den Militärs, ohne jeglichen Grund, für derartige Gräueltaten hingerichtet. Wer flüchten konnte, verliess das damalige Deutschland und zog in die USA, nach Südamerika, Frankreich, Skandinavien und die Schweiz. Mit vereinten Kräften konnten die vier Mächte schliesslich diesen grausamen Krieg beenden. Das Resultat: 1945 stand Europa wieder vor einem Neubeginn und einem ebenso beispiellosen Wiederaufbau der weitgehend zerstörten Städte und Lebensräume.

Die Politik hat sich in Richtung Demokratie entwickelt, indem Menschengruppen mit gleichen Ansichten sich in Parteien einschrieben und in diesen Parteien auch politische Ziele formulierten, die von einer gewählten Mehrheitsregierung umgesetzt werden sollten. Die schwächeren Menschengruppen haben sich auch in Gewerkschaften zusammen gefunden, die das Ziel auf ihre Fahnen und Banner geschrieben hatten, für den Wohlstand ihrer Mitglieder zu kämpfen.

In derselben Zeit haben sich die Kirchen als autonome christliche Gemeinschaften formiert, die durch Gründung politischer Parteien sich auch Gehör verschaffen wollten. In manchen Ländern wird mit einem Zweiparteiensystem politisiert, in anderen mit einer Vielzahl politischer Parteien, die gerne in ihrer Tendenz und politischen Ansichten eher als links-, mitte- oder rechtsstehend bezeichnet werden. Gefochten werden meistens über Ideologien, Visionen und Ausrichtungen von Aktivitäten, die zur Verbesserung der Situation von Staat und Menschen zweckdienlich sein sollen. Im Laufe der letzten 20 Jahre ist eine Tendenz von der reinen Ideologie und dem Parteibuch hin zu den Personen, die eine Politik vertreten deutlich verstärkt worden.

Im Schatten dieses politischen Hin und Her hat sich die Wirtschaft praktisch autonom rasant entwickelt und ist in manchen Wirtschaftszweigen über sich selbst hinaus gewachsen. Forschung und Entwicklung haben durch die digitalen Erfindungen in praktisch allen Arbeits- und Lebensbereichen eine geradezu unglaubliche Beschleunigung gebracht, die sich auf alle Lebensbereiche in allen Kulturen massiv auswirkt. Die Automatisierung und Robotronik ist schon so weit entwickelt, dass sie zusehends den Menschen an Arbeitsplätzen ersetzt, was zu einer erheblichen Anspannung auf den Arbeitsmärkten führt.

Das veraltete Politisieren in den verschiedenen Links-Rechtsgruppen hat die gesamte Welt- und Wirtschaftsentwicklung nicht mehr unter Kontrolle, zumindest nicht mehr seit der Einführung der Globalisierung vor geraumer Zeit. Alle politischen Systeme müssen dringend neu strukturiert werden; denn fundamentalistische Gruppierungen unter <Scheinstaaten> bedrohen zunehmend die Menschheit in allen Kontinenten dieser Welt. Millionen Menschen sind auf der Flucht aus ihren Ursprungsländern nach Zielländern, in denen sie als politische Flüchtlinge ein besseres Leben erwarten. Diese beispiellosen Fluchtströme sind das Ergebnis fehlgeleiteter politischer Systeme, in denen oft diktatorische Machtverhältnisse vorherrschen, unter denen die Menschen einem enormen Zwang und eines Menschen unwürdigen Notlagen ausgeliefert sind.

Die Flüchtlingsströme werden jedoch nicht nur aus politischen Machtverhältnissen anwachsen, auch die klimatischen und wirtschaftlichen Lebensbedingungen haben sich in manchen Regionen dieser Erde so stark verschlechtert, dass die dort lebenden Menschen gezwungen werden, an andere Orte umzusiedeln – eine Folge des sich dauernd verschlechternden Klimas, in dem Bodenerosionen und Meeresspiegelanstiege die ehemals fruchtbaren Gebiete zerstören. Die gesamte Menschheit lebt derzeit in Gefahrenpotenzialen, mit denen sie nicht umzugehen verstehen oder schlicht und einfach das politische Durchsetzungsvermögen zur Kehrtwende fehlt oder unterdrückt wird.

Kosmopolitische Welt vs. Globalisierung

Im Laufe des zu Ende gehenden 19. Jahrhunderts, in dem die Menschheit das grösste Wirtschaftswachstum geschaffen hat, Transport und Verkehr sich rasant entwickelten, Flugzeuge Distanzen von A nach B im Stundentakt schafften, Ballungszentren entstanden sind in denen Menschen sich bessere Lebenschancen ausgerechnet haben, neue digitale Kommunikationsmittel die Nachrichtenverbreitung im Sekundentakt beschleunigt haben – durch alle diese teilweise rasanten Entwicklungsprozesse war es abzusehen, dass einige Politiker dem Gedanken einmal mehr verfallen sind, eine politische <Grossmacht> zu bilden, deren Kraft insbesondere Europa stärken soll und darüber hinaus weltweite Vernetzung bringen soll. Der Begriff der Globalisierung war mit einem Mal das Zauberwort, bei dem wohl niemand so recht ahnen konnte, was es beinhaltet und wie sich seine Mechanismen auf die Welt auswirken.

Globalisierung wurde aber auch als <Gleichmachung>, als Vereinheitlichung verstanden, von insbesondere die einzelnen Kulturen, die Lebensweisen, die Künste, die Bildung, das Gesundheitswesen, der Verkehr und die industriellen Standards betroffen wurden.

Die Schaffung der Vereinigten Staaten von Amerika war noch eine kontinentale Angelegenheit, bei der allerdings auch die Lebensart der Ureinwohner empfindlich zerstört worden ist. Diese Vereinigten Staaten, die sich der Freiheit der Menschen verpflichtet fühlten und noch heute dieses Prinzip hochhalten, sind zu einer wirtschaftlich und politischen Weltmacht geworden – die allerdings zunehmend auch nicht mehr in der Lage ist, die Grenzwerte eines vereinigten Lebensraumes zu erhalten.

Der doch überwältigende Erfolg des schnellen Wachstums des Wohlstands verbreitete sich in so mancher <Tellerwäschergeschichte zum Millionär>, dass dieser Kontinent auch den Übernahmen <Land der unbegrenzten Möglichkeiten> erhielt.

In diesem vereinigten Bundesstaat sind innerhalb von 100 Jahren so viele Entdeckungen und Entwicklungen geschaffen worden, wie in 1000 Jahren zuvor, und der Fortschritt scheint noch immer ungebrochen zu sein. Die kulturelle Differenzierung hat sich im Laufe der Zeit in den einzelnen Staaten stärker ausgeprägt wie auch der Lebensstil und die wirtschaftlichen Bedingungen zwischen Ost- und Westküste verschiedener nicht sein könnten, unabhängig von den unterschiedlichen Klimabedingungen.

Dass ein solches Modell durchaus dazu verführt, ähnliche Modelle in anderen Regionen der Welt zu schaffen, verwundert eigentlich nicht. Nachdem die Folgen des 2. Weltkrieges soweit ausgestanden waren, dass die Versöhnung zum Thema Nummer 1 wurde, lag der Gedanke einer Europäischen Union nahe und etablierte sich auch in den Politköpfen der europäischen Staaten, die durch das Wirtschaftswunder wieder zum Wohlstand zurück fanden. Die Geburtsstunde der Europäischen Freihandelszone EFTA war eigentlich der Wegbereiter eines noch engeren Zusammenschlusses, nämlich der Schaffung der Europäischen Union EU. Mit grossem Brimborium wurde eine einheitliche Währung geschaffen, der Euro, bei dessen Einführung viele EU Mitgliedstaaten schmerzliche Einbussen hinnehmen mussten und die Standardwährung eine teilweise massive Verteuerung von Gütern und Dienstleistungen mit sich brachte. Waten es ursprünglich nur westliche Staaten, die zu EU Mitgliedern wurden, zählen heute immer mehr östliche Staaten auch dazu. Der freie Personenverkehr erleichterte den EU Bürgern die Einreise in die EU Länder. Die Industriefirmen erkannten sofort die Möglichkeit, ihre Zelte an den Ursprungsorten abzubrechen und mit Finanzhilfen aus Brüssel in sogenannten <billigeren Lohnländern> aufzubauen. Hunderttausende von Arbeitsplätzen gingen in den ursprünglichen Standorten verloren, ganze Industriezweige, wie z. B. die Textilindustrie oder die Fotoindustrie, wurden ins Ausland verlagert und mit ihnen auch das über Jahrzehnte gewachsene Know-How.

Mittlerweile sind die Turbulenzen in der EU stark gewachsen, insbesondere die Rettungsmassnahmen einzelner EU Mitglieder bekannt, deren Wirtschaftsschwäche unter den aktuellen Gegebenheiten niemals eliminiert werden können. Solche Mitgliedstatten aber wieder in die Eigenständigkeit zu entlassen, ist auch keine Massnahme zur Stärkung. Die EU wie sie sich heute aufgestellt hat, ist eine Fehlkonstruktion par excellence. Dabei geht es nicht darum, dass etwa der gute Wille fehlen würde, die konzeptionelle Ausgangslage für eine gemeinsame Prosperität ist nicht vorhanden.

Das Konstrukt EU hätte sich von Anfang an auf die Aktivitäten konzentrieren müssen, für die man einen gemeinsamen Nenner, also eine zentrale Strategie, finden könnte, wie z. B. Transport- und Verkehrswesen, Sicherheitswesen, Gesundheits- und Bildungswesen. Milliardenschwere Programme, die in der Gemeinschaft sicherlich hohe Rationalisierungs- und damit Sparpotenziale enthalten.

Dezentral hätte der Aufbau der Wirtschaft mit entsprechender Schaffung von Arbeitsplätzen, die Lebensraumgestaltung, Kunst und Kultur sowie der Tourismus bleiben sollen. In diesen Bereichen müssen die einzelnen Völker das Selbstbestimmungsrecht haben und demnächst auch zurück erhalten, soll sich die EU insgesamt stärken. Ob die Einheitswährung über die Runden gebracht werden kann, ist derzeit noch alles als gesichert. Die Widerstände gegen die totale Aufgabe der Eigenständigkeit mehren sich deutlich. Durch solche Widerstände verlangsamt sich natürlich jeder Entwicklungsprozess und spaltet auch die Bevölkerung unnötigerweise in <Selbstaktivierungsgruppen>, deren Aktionsradius aber eher beschränkt ist.

Andere Bündnisse unterliegen denselben Schwierigkeiten, auf die an dieser Stelle jedoch nicht explizit eingegangen werden soll.

Die Globalisierung als grosses <Fata Morgana> kann zwar in vielen Prozessen kaum mehr aufgehalten werden. Doch einer kosmopolitisch ausgerichteten Welt wäre eher die Form in der Zukunft, die eine rasche Handlungsfähigkeit begünstigt. Eine kosmopolitische Welt überlässt den einzelnen Ländern die autonome Selbstbestimmung ihrer jeweiligen Zielsetzungen, die viel realistischer abgeschätzt und deshalb auch erreichbarer sind, als globalisierte Werte, die nie auf die länderspezifischen Bedürfnisse ausgerichtet sein können. Damit wird aber auch artikuliert, dass jedes Land für seine Entwicklung selbst die Verantwortung trägt, bei der Umsetzung der Massnahmen jedoch von der übrigen Welt unterstützt werden kann oder muss. Als Koordinationsstelle gibt es ja die UNO und ihre zahlreichen Unterorganisationen.

Da jedes Land seine eigene Zukunft formt, sind auch die Zukunftsperspektiven für die Bevölkerung gegeben. Die Mitgestaltung an der Zukunft verhindert auch das Verlassen eines Landes, dämmt aktuell auch die Flüchtlingsströme, für die es an anderen Destinationen eh keine Existenzgrundlagen gibt, die ihrer Herkunft, Kultur und Lebensweise entsprechen.

Doch es wäre falsch nur eine kritische Haltung gegenüber den Zeiterscheinungen zu äussern, ohne darauf einzugehen, was eigentlich verändert werden müsste. Im Grunde genommen entwickelt sich die Menschheit nur dann in eine positive Lebensrichtung, wenn die Gruppierungen in der Politik sach- und fachorientiert zusammen gestellt würden. Nur in einer solchen Konfiguration lassen sich weltweit die wichtigsten Ziele in allen Ländern dieser Erde auf einen gemeinsamen Nenner bringen. Damit eine nachhaltige Umkehr zu einer Verbesserung in allen Lebensbereichen erzielt werden kann, müssen alle Länder mit denselben politischen Strukturen leben und damit in erster Linie sicher stellen, dass die Menschen in ihrem angestammten Lebensraum eine Existenzchance haben.

Die politischen Gruppierungen teilen sich in die Bearbeitung folgender Sachgebiete auf:

- Lebensraumgestaltung
- Wohnraumgestaltung
- Wirtschafts- und Finanzgestaltung
- Energie-, Transport- und Verkehrsgestaltung
- Gesundheits-, Alters- und Sozialfürsorge
- Bildungs- und Forschungsgestaltung
- Kunst- und Kulturgestaltung
- Sicherheits- und Notstandsgestaltung

In allen diesen politischen Gruppierungen befinden sich die Experten, die diesen Themenbereich als Mitglieder der Regierung vertreten und permanent im internationalen Gedanken- und Erfahrungsaustausch stehen. So besteht jedes Politsystem aus 8 weiblichen oder männlichen Regierungsräten mit einem jährlich wechselnden Regierungspräsidenten und Vizepräsidenten, die neben ihrer politischen Sachaufgabe auch das entsprechende Land in den internationalen Gremien vertreten.

Vorbei ist die Zeit der Diktatoren, Militärputschisten und fundamentalistischen Agitatoren. Die zentrale Kraft der Erneuerung und des <Change of life> ist im Oktogon konzentriert, das alle Interessens-ausrichtungen so bündelt, dass die Entwicklung zur Verbesserung der Lebenssituation für alle Menschen eine gleichwertige Priorität geniesst.

Der Hauptvorteil einer kosmopolitischen Strukturierung der Welt dürfte darin liegen, dass die Konzentration der menschlichen Kräfte auf den Gestaltungsplan ihrer Zukunft in ihren Ländern gelegt wird, und deshalb das menschliche Energiepotenzial auf ein Ziel gerichtet wird und nicht in einem Gegeneinander zahlreicher Splittergruppen unnötig vergeudet wird. Die Zeit der diversifizierten Machtansprüche ist genauso vorbei, wie die Zeit der Machthaber, die sich unter verschiedensten Begriffen und Methoden an die Spitze eines Landes bringen und zugegebener Massen kurzfristig vielleicht <Ruhe> schaffen, aber das Land nicht wirklich entwickeln können. Das Seilziehen politischer Strömungen muss endlich beendet werden will die Menschheit sich noch in letzter Sekunde vor einem totalen Zusammenbruch ihrer Existenz retten.

Es mag sein, dass mancher Leser dieser Gedanken den Kopf schüttelt, ob solcher naiver Zukunftsvisionen. Eine Vielzahl von Menschen glaubt schon nicht mehr an eine für sie positive Änderung ihrer Lebensqualität. Über eine Milliarde Menschen leben auf diesem Planeten in Armut, Angst und Verzweiflung. Die Kluft zwischen den Menschen mit prospektiven Lebensaussichten und denen ohne Glauben an eine solche Zukunft nimmt massiv zu. Sie kann nur durch einen totalen Richtungswechsel vermindert werden. Doch die Einsicht in die Notwendigkeit eines solchen Wechsels der Systeme muss durch Bildungs- und Erziehungsprogramme in der Kinder- und Erwachsenenbildung geschaffen werden. Die Kraft, die aus solchen Programmen gewonnen wird, ist unglaublich gross und vermag die Menschen aller Länder in den Bann der eigenständigen Entwicklung ihres Lebensraumes und ihrer damit verbundenen Lebensqualität zu ziehen. Möge die Vision einer kosmopolitisch strukturierten Welt durch gemeinsame Anstrengungen aller Völker dieser Erde zur Verbesserung der gesamten Lebenssituation beitragen.

Jeder noch so kleine Schritt zu diesem Fortschritt stärkt das Selbstwertgefühl eines jeden Menschen, der in seinem eigenen Kulturkreis seine Lebensaufgabe findet und aktiv wahrnehmen kann.

Problemkreise – verursacht durch Globalisierung und deren Auswirkung

1. ....

2. ....

3. ....

4. ....

5. ....

6. ....

7. ....

8 ....

9. ....

10. ....

Bemerkungen

Problemkreise – kosmopolitische Welt und deren Auswirkung

1. ………………………………………………
2. ………………………………………………
3. ………………………………………………
4. ………………………………………………..
5. ………………………………………………
6. ………………………………………………
7. ………………………………………………
8. ………………………………………………
9. ………………………………………………
10. ……………………………………………….

Bemerkungen

Problemkreise – Massnahmen gegen Flüchtlingsströme und deren Auswirkung

1. ....

2. ....

3. ....

4. ....

5. ....

6. ....

7. ....

8. ,,...

9. ....

10. ....

Bemerkungen

Problemkreise – Programme zur Migration und deren Auswirkung

1. …………………………………………….

2. …………………………………………….

3. …………………………………………….

4. …………………………………………..

5. …………………………………………….

6. …………………………………………….

7. …………………………………………….

8. …………………………………………….

9. …………………………………………….

10. …………………………………………..

Bemerkungen

KAPITEL 3
DIE POLITPARTEI <LEBENSRAUMGESTAL-TUNG>

Vorweg sei vermerkt, dass die Reihenfolge der Politparteien keine Rangfolge der Prioritäten ist. Alle Politparteien sind gleichwertig, unabhängig davon, wie hoch die mit den Programmen verbundenen Investitionen sind. Das oberste Ziel der 8 Politparteien ist, unter gemeinsamen Anstrengungen den Menschen, die Welt, in der wir leben, zu erhalten und die Lebensqualität von Pflanzen, Tieren und Menschen zu verbessern und dauerhaft zu erhalten. Damit unsere zukünftigen Generationen nicht unter Existenzdruck geraten, ist es unabdingbar, dass die bestehenden Missstände innerhalb kürzester Frist eliminiert werden. Die wichtigsten Programme sollen kurz dargestellt werden.

Einhalt des Klimawandels

Die Industrialisierung dürfte wohl einer der Haupteinflussfaktoren auf den stehen Klimawandel sein. Die konstant ansteigende Erderwärmung, verursacht durch den stetig zunehmenden CO_2-Ausstoss, verursacht einen Rückgang der Eisberge und Gletscher, was im einen Fall zu einem Anstieg der Meeresspiegel führt und im anderen zu Wassermangel. Die Zunahme an Energieproduktionsstätten, die auf Verwendung fossiler Brennstoffe basieren, ist in den vergangenen 39 Jahren um das Tausendfache gestiegen. Die industrielle Fleischproduktion ist ein zweiter sehr grosser CO_2-Produzent, der ebenfalls ein grösserer Verursacher ist, als der Autoverkehr.

Die zahlreichen Klimakonferenzen in den vergangenen Jahren haben zu keinen brauchbaren Massnahmenregelungen geführt, weil die politischen Interessen in vielen Verursacherländern diametral entgegen gesetzt laufen.

Wir müssen aber erkennen, dass die Welt in akuter Gefahr ist und in bereits zahlreichen Regionen nicht mehr bewohnbar ist. Die Schäden durch Wassermangel und Erderosionen sind derart gravierend, dass die Menschen ihre ursprünglichen Lebensräume gezwungener Massen verlassen müssen.

Die Reduktion der Erderwärmung ist deshalb von grösster Bedeutung, denn die industriellen Eingriffe in den Kreislauf der Natur können von der Natur selbst nicht mehr korrigiert werden. Der Mensch muss durch sein Energie- und Verbrauchsverhalten die entsprechenden Korrekturen setzen und das Primat nicht mehr der wachsenden Wirtschaft überlassen, die letztlich die Natur – und damit alle unsere Lebensräume – so stark beeinträchtigt, dass Katastrophen voraussehbar und nicht mehr vermeidbar werden.

Das Ökosystem unserer Erde basiert auf dem Zusammenwirken der Komponenten: geologische Gesteinsbildung, Böden als Produktionsfaktor für die meisten unserer Nahrungsmittel, Wasser als Urquell allen Lebens, Klima als komplexes System der Erhaltung des Lebens, der Lebensformen und Lebensarten von Pflanzen, Tieren und Menschen. Wird eine oder mehrere Komponenten in diesem sensiblen System beeinträchtigt, so stört dies das gesamte Ökosystem.

Zunehmender Mangel an Wasser

Es ist bekannt, dass sich der Wasserverbrauch in den vergangenen 50 Jahren im Vergleich zum Bevölkerungswachstum verdoppelt hat und in immer mehr Regionen der Welt zur Mangelware geworden ist. Grundsätzlich ist Wasser aber schlichtweg das Lebensmittel für Pflanzen, Tiere und Menschen.

Die zunehmende Wasserknappheit, von der Millionen von Menschen betroffen sind, wird vor allem durch die industrielle Bewässerung und industrielle Trinkwasseraufbereitung verursacht. Beide verursachen ein eklatantes Absinken des Grundwasserspiegels und Versiegen von Quellen.

In der Fleischproduktion werden zum Beispiel 16'000 Liter Wasser für die Herstellung von 1 Kilo Rindfleisch benötigt. Der industrielle Anbau von Erdbeeren, Orangen und anderen Citrusfrüchten sowie Tomaten und anderen Gemüsen verschlingt in den Industriestaaten etwa 70 Prozent, in zahlreichen Entwicklungsländern sogar bis zu 90 Prozent des gesamten Wasserverbrauchs. Rekordhalter in der industriellen Wasserverschwendung in Europa sind all jene Länder, die den europäischen Obst- und Gemüsemarkt das ganze Jahr hindurch beliefern und dabei Obst- und Gemüse über tausende Kilometer transportieren. Der vernünftige Konsum saisonaler Produkte gerät dadurch immer mehr in den Hintergrund.

Die Folgen zeigen sich darin, dass heute rund ein Drittel der Menschheit an Wasserknappheit und –not leidet. In vielen Regionen der Erde ist für die Menschen ein stundenlanger Fussmarsch, verbunden mit stundenlangem Anstehen in der Reihe der Wasserholenden, zur nächsten

Wasserquelle die bittere Realität. Überdies sterben an den Folgen verunreinigten Wassers täglich an die 5000 Kinder. Angesichts der zunehmenden Wasserknappheit ist es eigentlich unverständlich, dass Wasser in den meisten Ländern dieser Welt praktisch nichts kostet und deshalb vor allem in der industriellen Landwirtschaft übernutzt wird.

Luftqualität – die Grundlage aller Lebensformen

Unbestritten einer der wichtigsten Komponenten des Lebens auf unserer Erde ist die Qualität der Luft, die in immer grösseren Lebensräumen sich problematisch verschlechtert. Die Ursachen sind eigentlich weitgehend erforscht und entsprechende Grenzwerte an Schadstoffen von den verschiedensten Organisationen und Institutionen definiert. Doch solange die Mehrheit der Menschen keine wirklichen, schadstoffbedingten Gesundheitsschäden in grösserem Ausmass befallen, verhält sich die Menschheit eher passiv und belächelt vielleicht sogar die <Warner vor katastrophalen Folgen>.

Zu den bedeutenden Verminderungskatalysatoren der Luftqualität zählen Schadstoffe wie Feinstaub, Ozon, Ammoniak und Stickoxyde. Für die Schadstofferzeugung sind in erster Linie Industrie und Verkehr, Energienutzung aus fossilen Brennstoffen aber auch die extensive Viehwirtschaft und industrielle Schlachttierproduktion weltweit verantwortlich. Diese Schadstoffproduzenten müssen in einem politischen Rahmenprogramm an der stufenweisen Reduktion ihrer Schadstoffmengen beteiligt werden.

Eine immer noch weitverbreitete Meinung hält sich trotz eindrücklicher Forschungsarbeiten bei vielen Menschen. Sie glauben, dass die Schadstoffemissionen in weniger dicht besiedelten Gebieten ziemlich weit unter den Grenzwerten liege, vergessen aber, dass Schadstoffe durch unsere Windströme sich über den gesamten Globus verteilen und sich bei diesen Transportwegen chemisch und physikalisch verändern. Bekannt ist zum Beispiel die Entstehung von Smog aus Stickstoff (NO_x) und flüchtigen organischen Verbindungen (VOC). Doch nicht genug der Übel: aus Ammoniak, NO_x, VOC und Schwefeldioxyd bilden sich die sekundären Feinstaubpartikel (PM10), die weltweit zu den grössten Krankheitserregern geworden sind.

Allerdings muss auch vermerkt werden, dass bereits viele Länder seit Jahren an einer massiven Reduktion der Schadstoffemissionen aktiv arbeiten. Dennoch sind vor allem Länder mit intensivem Grossausbau ihrer industriellen Infrastrukturen die grossen Gefahrenherde und Verhinderer einer akzeptablen Luftqualität.

Es wird die Aufgabe dieser politischen Gruppierung sein, in allen Ländern dafür zu sorgen, dass die Luftqualität im Rahmen möglichst tiefer Grenzwerte liegt. Sie tragen letztlich auch die Verantwortung, durch Aufklärungskampagnen die Menschen in ihren Ländern auf die Gefahren für ihre Gesundheit aufmerksam zu machen, denn die Auswirkungen hoher Schadstoffemissionen führen zu Krankheiten wie Asthma, Herz-Kreislaufbeschwerden, Allerdien, Versagen des Immunsystems mit volkswirtschaftlichen Kosten in Milliardenhöhe. Auch in diesem Zusammenhang sei einmal mehr betont, dass die Präventionskosten weit unter den Therapiekosten zu liegen kommen.

Artenschutz

Überall, wo Menschen nicht, teilweise oder stark in die Lebensräume von Pflanzen, Tieren und Menschen eingreifen, sind Veränderungen in mehr oder weniger Ausprägung die Folge. Der Mensch als gestalterisch kreativstes Lebewesen muss es sich zur Pflicht machen, den Artenschutz aktiv zu betreiben, d.h. nichts anderes, als dafür alle Vorkehrungen und Massnahmen zu treffen und zu befolgen, die den Artenschutz in einer ausgewogenen Balance halten. In diesem Zusammenhang spricht man auch vom Lebensraumschutz oder Biotopschutz.

Der Artenschutz und die dazu angewandten Praktiken sind natürlich Länder spezifisch, denn die Abhängigkeit von klimatischen Bedingungen bedarf überall anderer probater Methoden, um das zu erhalten, was in einer spezifischen Region erhaltenswert ist. So ist es für die Politgruppe eine wichtige Aufgabe den Artenschutz regional nach gleichen <Weltstandards> zu definieren und daraus konsequenterweise auch den Massnahmenkatalog zu entwickeln und in der Folge konsequent umzusetzen.

Nahrungsmittelversorgung

Die Nahrungsmittelversorgung ist weltweit in einem beinahe unglaublichen Zustand zwischen Über- und Unterversorgung. Eine Regulierung dieses unhaltbaren Zustandes ist unabdingbares Ziel der Politgruppe Lebensraumgestaltung in allen Ländern dieser Welt. Es braucht auch in diesem Bereich ein radikales Umdenken, will man das Ökosystem der Erde nicht noch weiter schwer belasten. In absehbarer Zeit stellt sich die Frage, wie man es denn schaffen soll, 10 Milliarden Menschen ihre tägliche Ernährung zu ermöglichen?

Mit immer knapper werdenden Ressourcen wie Wasser und Bodenflächen sollen immer mehr Lebensmittel und pflanzliche Produkte für den Einsatz in der Chemie produziert werden. Gleichzeitig muss die Umweltbelastung aus der landwirtschaftlichen Produktion erheblich reduziert werden, was nur dann gelingt, wenn die Landwirtschaft in das Ökosystem eingebunden wird. Die Produktivität der industriellen Landwirtschaft ist in den vergangenen 30 Jahren durch den Einsatz mineralischer Dünger und Pestizide enorm gesteigert worden. Zudem ist die industriell strukturierte Landwirtschaft von billigem Öl genauso abhängig wie von hohen Wassermengen. Als Folge der industriellen Übernutzung der Böden entstehen schliesslich die

Bodenerosionen, die unsere Welt kaum mehr verkraften kann.
Die verursachenden Schäden am Ökosystem sind insbesondere:

- Abhängigkeit von fossilen Brennstoffe
- Menschliche Eingriffe in die Stickstoff- und Phosphat-kreisläufe
- Rückgang der biologischen Artenvielfalt
- Verlust an genetischer Vielfalt von Kulturpflanzen
- Vergiftungen durch Pflanzenschutzmittel
- Enormer Wasserverbrauch

Die Politpartei <Lebensraumgestaltung> hat also in jedem Land ein enormes Programm sorgfältig auf den jetzt vorherrschenden Grundlagen zu konzipieren mit dem Weitblick, nachhaltige Verbesserungen in der Zukunft zu erzielen.

Problemkreise – Kilmaschutz, Massnahmen und deren Auswirkung

1.   …………………………………………
2.   …………………………………………
3.   …………………………………………
4.   …………………………………………
5.   …………………………………………
6.   …………………………………………
7.   …………………………………………
8.   …………………………………………
9.   …………………………………………
10.   …………………………………………

Bemerkungen

Problemkreise – Wasserversorgung, Massnahmen und deren Auswirkung

1. ....

2. ....

3. ....

4. ....

5. ....

6. ....

7. ....

8. ....

9. ....

10. ....

Bemerkungen

Problemkreise – Sicherung der Luftqualität, Massnahmen und deren Auswirkung

1. ....

2. ....

3. ....

4. ....

5. ....

6. ....

7. ....

8. ....

9. ....

10. ....

Bemerkungen

Problemkreise - Artenschutz und deren Auswirkung

1. ....

2. ....

3. ....

4. ....

5. ....

6. ....

7. ....

8. ....--

9. ....

10. ....

Bemerkungen

Problemkreise – Programme zur Nahrungsmittelversorgung und deren Auswirkung

1. ....

2. ....

3. ....

4. ....

5. ....

6. ....

7. ....

8. ....

9. ....

10. ....

Bemerkungen

KAPITEL 4
DIE POLITPARTEI <WOHNRAUMGESTAL-TUNG>

Wohnraumgestaltung fokussiert sich in diesem Kapitel auf die Gestaltung des menschlichen Wohnraumes in den verschiedenen Kulturen und unter den verschiedenen Lebensbedingungen auf dieser Welt.

Es ist ein grundsätzliches Recht, dass die verschiedenen Länder mit ihren jeweils spezifischen geographischen und klimatischen Bedingungen ihren Menschen auf ihre Bedürfnisse zugeschnittenen Wohnraum für ihre Lebensgestaltung bieten. Dieses seit Menschengedenken geltende Gesetz ist immer wieder durch den Niedergang einzelner Kulturen, durch Kriege und fehlenden Handlungswillen ausser Kraft gesetzt. Meistens endeten diese menschenunwürdigen Agitationen in einer fürchterlichen Zerstörung. Bis heute hat die Menschheit offensichtlich nichts aus der Geschichte der Zerstörung gelernt.

Gerade diese Zerstörungen von Dörfern und Städten in vielen Ländern dieser Erde schafft eine unermessliche Notlage und zwingt Millionen von Menschen zur Flucht. Zur Flucht aus dem Elend und der Perspektivenlosigkeit in ihrem Land und ihrem angestammten Kulturbereich. Die wirtschaftliche Situation ist die andere Art von indirekter Zerstörung, verursacht durch die Stilllegung von Arbeitsstätten oder die kriegsbedingten Schäden. Die von Naturereignissen zerstörten Regionen sind die dritten Zwänge, die Menschen zur Umsiedlung zwingen. Die Flucht von Menschen aus ihrer Heimat ist aber zunächst nur geprägt von der Hoffnung, woanders eine bessere Lebenschance zu finden oder sich aufbauen zu können.

Wiederaufbau zerstörter Dörfer und Städte

Eine wichtige Aufgabe dieser Politgruppe besteht darin, Notlager für die Menschen zu errichten und den Wiederaufbau der zerstörten Häuser voran zu treiben, so dass die Menschen in relativ kurzer Zeit wieder in ihre Wohnung zurück kehren können. Dafür sind auch die notwendigen finanziellen Mittel aus den verschiedenen Hilfsfonds einzusetzen. Dieser sichtbare Wiederaufbau ermutigt die Menschen zum Verbleib in ihrer angestammten Heimat und verhindert auf diese Weise ihre Flucht. Überdies sind bleibende Ruinen bestenfalls ein kurzfristiges Mahnmal der kriegerischen Folgen und damit auch keine Motivationselemente für die ohnehin schon geschädigten Menschen.

Ballungszentren aus wirtschaftlichen Notlagen

Die Aspekte zur Bildung von mehr oder weniger überraschenden Ballungszentren werden mehrheitlich auf die Arbeitslosigkeit in den ländlichen Regionen geschaffen. In beinahe allen bis heute entstandenen Ballungszentren gelingt es nicht, die zuwandernden Menschen ordentlich unterzubringen. Sie werden meistens an die Stadtperipherien verdrängt, in denen weder Wasser, sanitäre Anlagen noch elektrische Energie verfügbar sind. Das Elend in diesen Stadtteilen nimmt in unglaublichem Ausmass zu, mit den Folgen, dass diese teils immensen Gebiete keine Chance auf Sanierung haben. Für die Menschen, die durch ihren Zuzug Hoffnung auf eine Beschäftigung hatten, wächst die Enttäuschung beinahe täglich und führt meistens in die Kriminalität; denn wer nichts hat und dahin vegetiert greift als letzte Hoffnung zur Selbsthilfe durch

Diebstahl, Raub und schreckt auch nicht vor Morden zurück.

Politisch sind diese Randgebiete eine immer grössere Herausforderung in vielen Ländern dieser Welt. Zahlreiche Hilfswerke sind mit ihren humanitären Hilfsprogrammen mitten in diesem Elend, können aber am Zustand selbst nur wenig oder gar nichts ändern.

Die Wohnformen müssen regional an die Lebens- und Arbeitsbedingungen angepasst werden. Bei der Erneuerung von Wohngebieten bietet sich eine neue Wohnform am besten an. Zu den neuen Wohnfirmen zählen:

Gemischtes Wohnen und Arbeiten
Wohnen und Arbeiten in gut gegliederten Raumaufteilungen macht nicht nur Sinn in Schwellenländern, sondern auch in den hochentwickelten Industrieländern. Dort also, wo digitalisierte Arbeitsplätze dezentral eingerichtet werden können. Dort auch, wo zeitlich flexibles Arbeiten möglich ist. Für digitalisierte Arbeitsplätze könnten Digi-Zentren erbaut werden, die auch in eher abgelegenen Orten gute Arbeitsplätze bieten mit den notwendigen High Zech Anschlüssen. Wohnen in unmitttelbarer Umgebung ermöglicht gerade jungen Familien eine flexible Aufteilung ihrer Arbeit. Digi-Zentren vereinen auch ein grosses Know-how, das untereinander ausgetauscht werden kann. So ist der Grafiker durch seine flexible Arbeitseinteilung auch ein entspannter Vater, wenn die Mutter sich ihrer Arbeit widmet. Heute gibt es bereits so viele Arbeiten, die dezentral erledigt werden können und dennoch zentral gespeichert werden können.

Die ursprüngliche zentrale Arbeits- und Bürolandschaft in grossen Geschäftsgebäuden gehört bereits heute für 30% aller Berufe der Vergangenheit an. Man überlege sich dabei nur einmal, was an Pendelverkehr eingespart werden kann und welche Lebensqualität zurückgewonnen werden kann.

Gemischtes Wohnen Jung und Alt
Seit Jahrzehnten sind Architekten und Wohnungsanbieter damit befasst, eine ideale Mischform des Wohnens von Jung und Alt zu schaffen. In manchen Fällen ist dies gelungen, gerade in städtischen Agglomerationen, wo grosse Überbauungen erstellt werden können. Die Symbiose dieser Wohnart ermöglicht jungen Familien, den Hütedienst besser organisieren zu können, da Eltern in unmittelbarer Nähe wohnen und ohne Beanspruchung von Verkehrsmitteln zum Hütedienst gehen können.

Flexibles Wohnen Singles – Familien – Singles
Es gehört zum Lauf des Lebens, dass man zunächst eine Zeit als Single zubringt. Nach Schule, Berufslehre oder Studium eine Familie gründet. 4 Jahrzehnte später, wenn die Kinder wieder ihre eigene Familie gegründet haben, reduziert sich die Lebensgemeinschaft wieder auf 2 Personen. Die Infrastruktur hat sich aber nicht der Lebenssituation angepasst. Flexibles Wohnen bedeutet, dass die Kinder zum Beispiel die grosse Wohnung der Eltern übernehmen können und die Eltern in eine kleinere Wohnung umsiedeln können, in derselben Überbauung versteht sich. Solche Wohnmodelle mit gerissenen, aber standardisierten Wohneinheiten können kostengünstig erstellt und vielleicht über Wohngenossenschaften finanziert werden. Ein weiterer Vorteil, die Eltern und ihre Kinder brauchen nicht logistisch auseinandergerissen werden.

Betreutes Wohnen

Eine besonders anspruchsvolle Wohnform ist das betreute Wohnen, das wegen der Überalterung der Bevölkerung immer stärker gefragt ist.

Die verschiedenen Stufen der Betreuung sind auch Massstab für die Gestaltung dieser Wohnform. In manchen Ländern kann betreutes Wohnen in einen Spitalkomplex integriert werden. Entscheidend ist, dass man in jedem Land eine Bestandesaufnahme erhebt und darauf basierend den Bedarf für die nächsten 20 Jahre errechnet.

Die Wohnraumgestaltung ist also ein zentrales Aktionsfeld, das auch die Wirtschaft günstig beeinflussen kann. In dem einer weiteren Verstädterung Einhalt geboten wird, Verkehrsaufkommen drastisch reduziert werden können – und letztlich die Klimasituation auch dadurch günstig beeinflusst wird.

Problemkreise – Wiederaufbau von Dörfern/Städten und deren Auswirkung

1. ....

2. ....

3. ....

4. ....

5. ....

6 ....

7. ....

8. ....-

9. ....

10. ....

Bemerkungen

Problemkreise – Entflechtung von Ballungszentren und deren Auswirkung

1. ....

2. ....

3. ....

4. ....

5. ....

6. ....

7. ....

8. ....

9. ....

10. ....

Bemerkungen

KAPITEL 5
DIE POLITPARTEI <WIRTSCHAFTS- UND FI-NANZGESTALTUNG>

Wirtschafts- und Finanzgestaltung stehen ausser Zweifel in enger Beziehung zueinander. Beide Disziplinen sind unabdingbar die Faktoren eines jeden Landes dieser Erde, welche ausschlaggebend sind für die organische und kontinuierliche Entwicklung eines Landes und den Wohlstand seiner Bevölkerung.

Die Politpartei, die sich dieser Thematik annimmt nutzt die bereits zahlreich verfügbaren Makro- und Mikroökonomischen Modelle, die entsprechend dem Stand eines Landes am wirksamsten eingesetzt werden können.

Die Wirtschaftsentwicklung als Triebfeder für Güterversorgung und Beschäftigung der Bevölkerung wird durch die Sektion der folgenden Wirtschaftssegmente definiert:

- Auf- und Ausbau einer landwirtschaftlichen Selbstversorgung.
- Auf- und Ausbau industrieller Produktionsanlagen, aus denen ein Wettbewerbsvorteil für das Land generiert werden kann.
- Auf- und Ausbau von Handelsnetzwerken im eigenen Land, welche die Güterverteilung landesweit sichern.
- Auf- und Ausbau einer international ausgerichteten Handelskette, mit dem Ziel Importe und Exporte in einem möglichst ausgeglichenen Verhältnis zu erlangen.

- Systematischer Auf- und Ausbau von Dienstleistern, die parallel zur übrigen Wirtschaftsentwicklung etabliert werden können.

Mit diesem systematischen 5-Punkte Programm lässt sich jede Volkswirtschaft in geordnete Bahnen führen. Es dürfte unbestritten sein, dass alle Länder über Jahrhunderte gewachsene Volkswirtschaften haben, die aber vielfach in der heutigen Zeit überholt sind. Deshalb ist eine sorgfältige Bestandesaufnahme der vorhandenen Verhältnisse absolut notwendig.

Über allem Vorgehen stehen die Fakten, die nach heutigen Erkenntnissen und Erfahrungen für eine gute Entwicklung einer Volkswirtschaft massgeblich verantwortlich sind. Es sind dies vor allem:

- Kontrolle über die landeseigenen Ressourcen wie Bodenschätze, fossile Brennstoffe und Gasvorkommen, Agrarprodukte, Holzwirtschaft etc.
- Einhalt der Ausbeutung von Arbeitskräften in den sog. Schwellenländern und ärmsten Länder dieser Welt.
- Massnahmen zur Entschuldung der hochverschuldeten Länder

.

Die meisten Indikatoren, die für eine schwache Wirtschaftsentwicklung verantwortlich sind, be- treffen die sog. Schwellenländer und natürlich die ärmsten Länder dieser Welt, die von der sog. Ersten Welt über Jahrhunderte aufs Schlimmste ausgebeutet wurden – und noch heute keine Reue aufkommt. Ein Dankesbrief sei hier veröffent- licht, so wie er im Internet zu finden ist.

Es geht in diesem Buch jedoch nicht darum, die Machen schaften aus den früheren Jahrhunderten anzuprangern. Vielmehr soll der Fokus auf die Gestaltung der Zukunft gelegt werden. Einer Zukunft, an der alle Länder dieser Erde arbeiten müssen, wollen sie ihre Zukunft so in den Griff bekommen, dass noch Generationen vom Nutzen der eingeschlagenen Strategien profitieren.

Wirtschaftswachstum definiert sich in der klassischen Weise als Summe aller Güter und Leistungen, die in ei nem Jahr geschaffen und verkauft werden, also das BIP – Bruttoinlandprodukt ergeben. An dieser Zahl des BIP wird dann die Liste der Länder erstellt.

Seit einiger Zeit werden Versuche unternommen, das Wirtschaftswachstum nicht nur aus dem BIP zu berech nen, sondern auch Faktoren wie Lebensqualität einzube ziehen. Das Land Bhutan am Himalaya bezieht das Brut tonationalglück in die Berechnung ein. Ein Gedanke, der ganz und gar nicht abwegig ist, denn das materielle Wirt-schafts-wachstum wird von den Menschen eines jeden Landes geschaffen. Je besser sich die Menschen in einer Volkswirtschaft integrieren und fühlen, desto besser die Volkswirtschaft, desto geringer aber auch die subsidiären Kosten für die Menschen, die nicht in genügendem Mass an der Volkswirtschaft beteiligt werden oder werden können.

Die Politpartei, die sich mit dem Wirtschafs-wachstum befassen, müssen vor allem folgende Ziele lan desspezifisch definieren:

Quelle: Schweizerische Eidgenossenschaft, Agenda 2030 für nachhaltige Entwicklung

Aktuellen Daten zufolge sind weltweit über 200 Millionen Menschen erwerbslos, darunter insbesondere junge Men schen. Arbeit und Wirtschaftswachstum tragen massge blich zur Bekämpfung von Armut bei. Die Förderung ei nes nachhaltigen Wachstums, einer grünen Wirt-schaft so wie die Schaffung von genügend menschenwürdigen Ar beitsplätzen, unter Achtung der Menschenrechte und der planetarischen Grenzen, sind sowohl für die Entwick lungsländer als auch für die Schwellen- und die Industriel lender von zentraler Bedeutung.

Ziel 8 umfasst Unterziele zu Wirtschaftswachstum, zur Steigerung der Produktivität und der Schaffung men schenwürdiger Arbeitsplätze. Zwangsarbeit soll bekämpft und moderne Sklaverei und Menschenhandel bis 2030 beendet werden. Ein nachhaltiges Wirtschaftswachstum darf zudem nicht auf Kosten der Umwelt gehen. Ziel 8 fordert deswegen die weltweite Verbesserung der Res sourceneffizienz in Konsum und Produktion und strebt die Entkopplung von Wirtschaftswachstum und Umwelt zerstörung an.

Ziel 8: Dauerhaftes, breitenwirksames und nachhalti ges Wirtschaftswachstum, produktive Vollbeschäfti gung und menschenwürdige Arbeit für alle fördern

8.1: Ein Pro-Kopf-Wirtschaftswachstum entsprechend den nationalen Gegebenheiten und insbesondere ein jährliches Wachstum des Bruttoinlandsprodukts von mindestens 7 Prozent in den am wenigsten entwickelten Ländern auf recht erhalten

8.2: Eine höhere wirtschaftliche Produktivität durch Diversifizierung, technologische Modernisierung und In novation erreichen, einschliesslich durch Konzentration auf mit hoher Wertschöpfung verbundene und arbeitsin tensive Sektoren

8.3: Entwicklungsorientierte Politiken fördern, die pro duktive Tätigkeiten, die Schaffung menschenwürdiger Ar beitsplätze, Unternehmertum, Kreativität und Innovation unterstützen, und die Formalisierung und das Wachstum von Kleinst-, Klein- und Mittelunternehmen unter ande rem durch den Zugang zu Finanz-dienstleistungen be günstigen

8.4: Bis 2030 die weltweite Ressourceneffizienz in Kon sum und Produktion Schritt für Schritt verbessern und die Entkopplung von Wirtschaftswachstum und Umweltzer störung anstreben, im Einklang mit dem Zehnjahres-Pro gramm rahmen für nachhaltige Konsum- und Produkti onsmuster, wobei die entwickelten Länder die Führung übernehmen

8.5: Bis 2030 produktive Vollbeschäftigung und men schenwürdige Arbeit für alle Frauen und Männer, ein schliesslich junger Menschen und Menschen mit Behinde rungen, sowie gleiches Entgelt für gleichwertige Arbeit erreichen

8.6: Bis 2020 den Anteil junger Menschen, die ohne Be schäftigung sind und keine Schul- oder Berufsausbildung durchlaufen, erheblich verringern

8.7: Sofortige und wirksame Massnahmen ergreifen, um Zwangsarbeit abzuschaffen, moderne Sklaverei und Men schen-handel zu beenden und das Verbot und die Beseiti gung der schlimmsten Formen der Kinderarbeit, ein schliesslich der Einziehung und des Einsatzes von Kinder soldaten, sicherstellen und bis 2025 jeder Form von Kin der-arbeit ein Ende setzen.

8.8: Die Arbeitsrechte schützen und sichere Arbeitsumge bungen für alle Arbeitnehmer, einschliesslich der Wan derarbeitnehmer, insbesondere der Wanderarbeitnehme rinnen, und der Menschen in prekären Beschäftigungsver hältnissen,fördern

8.9: Bis 2030 Politiken zur Förderung eines nach- halti gen Tourismus erarbeiten und umsetzen, der Arbeitsplätze schafft und die lokale Kultur und lokale Produkte fördert

8.10: Die Kapazitäten der nationalen Finanzinstitutionen stärken, um den Zugang zu Bank-, Versicherungs- und Fi nanzdienstleistungen für alle zu begünstigen und zu er weitern

8.a: Die im Rahmen der Handelshilfe gewährte Unterstüt zung für die Entwicklungsländer und insbesondere die am wenigsten entwickelten Länder erhöhen, unter anderem durch den erweiterten integrierten Rahmenplan für han delsbezogene technische Hilfe für die am wenigsten entwickelten Länder

8.b: Bis 2020 eine globale Strategie für Jugendbeschäfti gung erarbeiten und auf den Weg bringen und den Globa len Beschäftigungspakt der Internationalen Arbeitsorgani sation umsetzen

Es wäre sicher wünschenswert, wenn sich alle Länder um diese Zielerreichungen bemühen würden.

Dass Wirtschaftswachstum und Finanzhaushalt eng miteinander verbunden sind, dürfte allgemein bekannt sein. Dennoch sind die Verhältnisse in vielen Ländern ungenügend koordiniert, da die meisten Finanzverantwortlichen die Regeln eines gesunden Finanzhaushaltes missachten und Verschuldungen durch hohe Kredite in Kauf nehmen, die ein Land auf Jahrzehnte in grösste Turbulenzen bringen wird.

Der Finanzhaushalt könnte generell nach bewährtem Modell in zahlreichen Ländern in 3 Bereiche gegliedert werden:

- Gemeinde (kleinster Lebensraum mit individueller Ein- und Ausgabe Struktur
- Region (Bundesland, Kanton, County)
- Land (Staat)

Der Finanzhaushalt besteht aus einer Einnahmeseite (Steuern, Abgaben Staatszuschüsse) und einer Ausgabenseite (Wohnungen, Gesundheitswesen, Infrastruktur (Transport, Verkehr), Bildung, Energie etc. also alle Bereiche, die das Leben der Menschen betreffen.

Es wäre natürlich wünschenswert, wenn der Finanzhaushalt zumindest ausgeglichen wäre, d.h. die Ausgaben mit den Einnahmen im Einklang stehen. Doch dieses Ziel wird praktisch von keinem Land erreicht. Die Ausgaben sind viel höher und werden durch teure Kredite finanziert. Irgendeinmal hat diese Kreditpolitik aber ein Ende, spätestens dann, wenn die Zinsen die Höhe des BIP erreichen!

Viele Länder müssen ihre Finanzpolitik gründlich über denken und die Ausgabe markant reduzieren oder die Ein nahmen nachhaltig steigern. Letzteres dürfte vielfach we niger realistisch sein, als die Methode, den Gürtel enger zu schnallen zu nutzen. Dies gilt besonders für die Indust rieländer. Diese haben Jahrzehnte im Speckmantel des unbegrenzten Wachstums gewirkt und ihre Verschuldung in exorbitante Höhen schnellen lassen fast nach dem Motto: nach mir die Sintflut. Keiner der verantwortlichen Politiker wird das Desaster selbst erleben, in das er eine ganze Nation gestürzt hat.

Die Korrektur des Finanzhaushaltes wird erheblich effek tiver gestaltet durch die neue Struktur der Politparteien, welche einzelne Menschen immer überleben werden, also auch nach Jahrzehnten noch in der Verantwortung stehen. Alle Massnahmen und Ziele, die in den einzelnen Kapi teln aufgeführt sind, tagen letztlich zu einem vernünf- tigen Wirtschaftswachstum und einem soliden Finanz haushalt hinaus.

Problemkreise – Wirtschaftsziele (kurz-, mittel-, langfristig) und deren Auswirkung

1.   ……………………………………………

2.   ……………………………………………

3.   ……………………………………………

4.   ……………………………………………

5.   ……………………………………………

6.   ……………………………………………

7.   ……………………………………………

8.   ……………………………………………

9.   ……………………………………………

10.   ……………………………………………

Bemerkungen

Problemkreise – Auf- und Ausbau von Industriezweigen und deren Auswirkung

1. ....

2. ....

3. ....

4. ....

5. ....

6. ....

7. ....

8. ....

9. ....

10. ....

Bemerkungen

Problemkreise – Auf- und Ausbau des Handels und dessen
Auswirkung

1. ....

2. ....

3. ....

4. ....

5. ....

6. ....

7. ....

8. ....

9. ....

10. ....

Bemerkungen

Problemkreise – Auf- und Ausbau von Dienstleistungen und deren Auswirkung

1. ....

2. ....

3. ....

4. ....

5. ....

6. ....

7. ....

8. ....

9. ....

10. ....

Bemerkungen

KAPITEL 6
DIE POLITPARTEI <ENERGIE - VERKEHR - TRANSPORT>

Die wachsende Bevölkerung, die wachsende Wirtschaft, die wachsenden digitalen Netzwerke, der zunehmende Verkehr und das enorm wachsende Transportwesen bilden für diese Politparte eine grosse Herausforderung. Die einzelnen Meilensteine seien kurz aufgeführt:

Energiewirtschaft

Gemäss Statista – dem Statistikportal wurde im Jahre 2016 der gesamte Energiebedarf weltweit durch folgende Energieerzeuger gedeckt:

Erdöl	31.7%
Kohle / Torf	28.1%
Erdgas	21.6%
Biokraftstoff	9.7%
Kernenergie	4.9%
Wasserkraft	2.5%
Andere	1.5%

Es ist offenkundig, dass die Energiegewinnung aus fossilen Brennstoffen mehr als die Hälfte der gesamten Energiegewinnung ausmacht. Eine Änderung in der Energiepolitik ist zwingend, soll die Welt auch noch in 100 Jahren lebensfähig bleiben. Der Energiebedarf steigt weltweit um bis zu 14%, und kein Land dieser Erde hat die Energieproduktion im Griff. Es ist jetzt an der Zeit, dass eine neue Politgruppierung sich dem Problem in allen Ländern dieser Welt annimmt und endlich den Wandel zu alternativen Energien einleitet und durchzieht.

Die globale Energienachfrage nahm 2017 um 2,1 % zu. Der Anstieg war mehr als doppelt so hoch wie im Schnitt der vergangenen Jahre. Er wurde laut IEA zu mehr als 70 % von Öl, Erdgas und Kohle gedeckt, der Rest nahezu von erneuerbaren Energien. Die Stromerzeugung aus erneuerbaren Energien kletterte um 6,3 % dank der Ausbreitung von Wind-, Solar- und Wasserkraft.[8]

2014 lag der gesamte weltweite Verbrauch von Primärenergie bei 13.699 Megatonnen Öleinheiten (entsprechend 159.319 TWh). Darunter befand sich eine Stromerzeugung von 21.963 TWh. Bei der Nutzung dieser Energie wurden ca. 32,4 Mrd. Tonnen Kohlenstoffdioxid freigesetzt.[9] Der Marktwert der weltweiten verbrauchten Energie betrug im Jahr 2015 ca. 9,1 Billionen US-Dollar.[10]

Insgesamt stieg der Energieverbrauch von 24.500 TWh im Jahr 1950 auf rund 131.400 TWh im Jahr 2010; dabei verdoppelte sich der Pro-Kopf-Energieverbrauch. Bei gleicher Wachstumsrate des Pro-Kopf-Energieverbrauches und einem Anstieg der Weltbevölkerung auf über 9 Mrd. Menschen würde sich bis 2050 ein Energieverbrauch von über 350.400 TWh ergeben. Um diesen Energiebedarf zu decken, wären zusätzlich zum 2010 vorhandenen Energieverbrauch das Leistungsäquivalent von etwa 48.000 fossile Kraftwerke mit je 500 MW, 24.000 Kernkraftwerken mit je 1000 MW oder 150.000 km² Photovoltaikanlagen notwendig. Aus diesen Daten wird die Notwendigkeit von Energieeinsparungen gerade in den wohlhabenden Staaten der Erde abgeleitet.

Der technologische Wandel wird von REN21 wie folgt beschrieben:

Ein nachhaltiges Energiesystem erfordert Massnahmen, die möglichst passgenau ineinandergreifen müssen. Hierzu zählen nicht nur technologische Lösungen, sondern auch die Rahmenbedingungen, die durch die Politik gesetzt werden. Die Energiewende in Deutschland stellt dabei das ambitionierteste Programm der nächsten Jahrzehnte dar – aber auch andere Länder fördern die Nachhaltigkeit ihrer Energiesysteme.

Gemäß dem „Globalen Statusbericht zu erneuerbaren Energien 2014" des internationalen Politiknetzwerks REN21 decken erneuerbare Energien inklusive Wasserkraft mittlerweile 19 Prozent des weltweiten Endenergieverbrauchs. Der World Energy Outlook 2013 geht bis 2035 von einem Anteil von mehr als 30 Prozent weltweit aus und von deutlich über 40 Prozent in der EU. Vor allem innerhalb der EU wird massiv in Stromerzeugung durch Erneuerbare investiert: Laut REN 21 fielen 72 Prozent der neuen Kraftwerke, die 2013 in Betrieb gingen, in den Bereich der Erneuerbaren („new electric generation capacity"). Zum Vergleich: Zehn Jahre zuvor waren es die konventionellen, fossilen Kraftwerke, auf die 80 Prozent der neuen Kapazitäten in der EU (gemeinsam mit Norwegen und der Schweiz) entfielen. Die Struktur des Kraftwerksneubaus hat sich also komplett gewandelt. Weltweit wurden laut REN21 im Jahr 2013 mindestens 249,4 Milliarden US-Dollar in Erneuerbare investiert.

Laut OECD und der Internationalen Energieagentur (IEA) wird die globale Stromerzeugung aus erneuerbaren Energien plus Wasserkraft zwischen 2011 und 2017 um fast 60 Prozent steigen und dann fast 6.400 Terawattstunden (TWh) pro Jahr erreichen – das wäre rund das Zehnfache des derzeitigen jährlichen Stromverbrauchs Deutschlands.

Siemens geht bis 2030 von einem Anteil der erneuerbaren Energien plus Wasserkraft von 27 Prozent an der weltweiten Stromerzeugung aus, rund 60 Prozent stammen dann immer noch von Kohle- und Gaskraftwerken. Der Zubau an weltweiten Kraftwerkskapazitäten im Zeitraum von 2013 bis 2030 dürfte rund 6.000 Gigawatt (GW) betragen, allein 880 GW davon entfallen auf die Windkraft und 570 GW auf solare Stromerzeugung. Jedes vierte neu installierte Gigawatt elektrischer Leistung – insgesamt 1.500 GW bis 2030 – wird in China errichtet, gefolgt von der EU mit 700 GW, den USA mit 660 GW und Indien mit 570 GW.

Weltweiter Boom für die Sonnenenergie

Die wohl am stärksten geförderte erneuerbare Energie ist die Sonnenenergie. Laut einer Studie des Konsortiums EurObserv'ER war der Sektor Ende des Jahres mit einer weltweiten Kapazität von 137 GW führend unter den Erneuerbaren. Den stärksten Boom erfuhr die Branche in China, Japan und den USA. Allein China installierte im Jahr 2013 11,3 GW – in Europa waren es im selben Zeitraum 9,9 GW. Innerhalb der EU ist Deutschland mit 3,3 GW im Jahr 2013 installierter Leistung nach wie vor führend, vor Italien, Griechenland und Großbritannien. Mit 0,9 GW ist Bayern nach Angaben des Bundesverbandes Solar (BSW Solar) führend in der Bundesrepublik, gefolgt von Nordrhein-Westfalen (0,37 GW) und Baden-Württemberg (0,36 GW).

Gleichzeitig nimmt die Bedeutung der Windkraft stetig zu. In Dänemark wurden im Jahr 2013 33,2 Prozent des Strombedarfs aus Windkraft gedeckt, 20,9 Prozent waren

es in Spanien. In Deutschland wuchs allein im ersten Halb-
jahr 2014 die Windstromproduktion im Vergleich zum
Vorjahr um 21 Prozent - auf 31 TWh. Die Windkraft ist
damit aktuell die klare Nummer eins unter den Erneuerbaren im Strommarkt.

Klimaschutz mit finanziellen Herausforderungen

Ein wichtiger Faktor für den Boom in Deutschland ist
das Erneuerbare-Energien-Gesetz (EEG), das seit April
2000 den Vorrang für regenerative Energien regelt. Dieses
Gesetz wurde nach Aussage des Fraunhofer-Instituts für
Windenergie und Energiesystemtechnik inzwischen weltweit von 50 Ländern kopiert. Danach sind die Netzbetreiber
verpflichtet, den Anlagenbetreibern Strom aus erneuerbaren Energiequellen abzunehmen und in einer bestimmten
Höhe zu honorieren.

In Deutschland hat das EEG seinen Zweck erfüllt: Es ist
zweifelsohne der Motor für den Ausbau Erneuerbarer Energien in der Bundesrepublik und somit eines der wichtigsten
Instrumente zum Erreichen der Energiewende-Ziele und
des Klimaschutzes. Doch das EEG muss nach Meinung
zahlreicher Experten dringend überarbeitet werden. Im
Zeitraum 2000 bis 2012 wurden laut einer Studie des Rhei-
nisch-Westfälischen Instituts für Wirtschaftsforschung von
den Stromverbrauchern Subventionszahlungen von rund
52,3 Milliarden Euro geleistet, die in Form der EEG-Umlage vor allem auf private Haushalte und die Industrie ab-
gewälzt werden. Das Resultat: 2013 war der Strompreis für

Privathaushalte mit rund 29 Euro-Cent (ct) pro Kilowatt-stunde (kWh) mehr als 40 Prozent höher als der EU-Durch-schnitt (20 ct pro kWh).

Die Industrie zahlte dagegen mit ca.15 ct pro kWh 24 Prozent mehr als der EU-Durchschnitt (12 ct pro kWH) (ausgenommen besonders stromintensive Unternehmen, die nur eine reduzierte EEG-Umlage zahlen müssen). Zwar ist im August 2014 eine umfassende EEG-Reform in Kraft getreten, mit welcher sowohl der Ausbau von Ökostroman-lagen als auch die staatliche Förderung für die Erzeugung von grünem Strom beschränkt werden sollen. Dennoch müssen die Verbraucher weiterhin eine mit der Stromrech-nung fällige EEG-Umlage zahlen.

Und noch mehr: Der Bundesverband der Deutschen In-dustrie (BDI) geht davon aus, dass die Stromkosten in Deutschland bis zum Jahr 2030 um weitere 15 bis 35 Pro-zent steigen werden. Das liegt nicht zuletzt an den Investi-tionen, die die Energiewende laut des Verbandes bis 2030 allein im deutschen Stromsektor erfordert: 200 Milliarden Euro. Diesen Zahlen stehen aber auch Chancen für die hie-sige Wirtschaft gegenüber: 60 Milliarden Euro Umsatz-chancen bedeutet laut BDI eine erfolgreiche Energiewende für deutsche Unternehmen im Jahr 2020 – das betrifft vor allem Unternehmen, die mit ihren Lösungen eine nachhal-tige, sichere und bezahlbare Stromversorgung ermöglichen.

Riesiger Energiebedarf in Afrika

Bis auf Südafrika haben alle Länder auf dem Kontinent einen enormen Nachholbedarf. Die Afrikanische Union will in den kommenden 30 Jahren die Energieerzeugung in ihren Ländern versieben fachen: "Natürlich ist der Energiehunger in den Ländern besonders groß, die sich stark industrialisieren, die hohe Wachstumsraten haben. Da spielen der Rohstoffreichtum und der Energiebedarf Hand in Hand. Die Länder können sich nur dann industrialisieren, wenn sie eine entsprechende Energieversorgung haben. Und daraus ergeben sich Investitionschancen in Ländern wie Angola, Mosambik, in Nigeria. Um nur mal ein paar Beispiele zu nennen."

Deutsche und europäische Firmen könnten den afrikanischen Ländern bei dem Aufbau ihrer Energie-Infrastruktur helfen und davon enorm profitieren, sagt Kannengießer: "Wir haben mal ausgerechnet, wenn sich die deutsche Wirtschaft auch nur annähernde auf dem Niveau daran beteiligt, wie das in übrigen Teilen der Welt der Fall ist, dass das für die deutsche Firmen allein ein Auftragsvolumen von über 80 Milliarden Euro bedeutet."

Noch immer leiden viele afrikanische Staaten unter Misswirtschaft, Korruption und unsicheren politischen Verhältnissen. Trotzdem hält Afrika-Experte Kannengießer das Risiko für deutsche Unternehmen für überschaubar: "Afrika ist kein Standort in dem die Risiken, die man eingeht, als in anderen Schwellenmärkten dieser Erde."

Eine deutsche Firma, die bereits in Afrika aktive Entwicklungshilfe leistet ist das Unternehmen Lucas-Nülle aus Kerpen. Stefan Welp und seine Kollegen bilden vor Ort afrikanische Ingenieure und Techniker aus: "Es gibt in Nigeria zum Beispiel das Problem, dass ein Grossteil der Ingenieure, die im Bereich der Ölindustrie arbeiten, Ausländer sind. Das bedeutet, dass sämtliche Gehälter aus dem Land rausgebracht werden und das Land selber nicht profitiert."

Nigeria, sagt Stefan Welp sei das beste Beispiel dafür, wie groß der Bedarf an neuen Kraftwerken in Afrika sei. Mit seinen 170 Millionen Einwohnern habe Nigeria gerade mal eine installierte Kraftwerksleistung von 4.000 Megawatt. Der Bedarf des Landes, so Welp, sei jedoch 100mal höher.

Energiebedarf in Asien

Das Handelsblatt berichtet am 10. Juli 2018:

Hauptnachricht des Weltenergiekongresses: Der bevölkerungsstarke Kontinent Asien benötigt in den nächsten 22 Jahren mehr als die Hälfte der weltweiten Energiereserven. Experten rechnen mit gleich mehreren Problemen.

Asien wird laut einer Prognose bis 2035 mehr als die Hälfte des weltweiten Energieangebots verschlingen. Fossile Brennstoffe wie Kohle, Erdgas und Erdöl würden bis dahin weiter den größten Anteil am Primärenergiemix in der wachstumsstarken Region ausmachen, heißt es in einem Bericht der Asiatischen Entwicklungsbank (ADB) für den Raum Asien-Pazifik.

Um den enormen Energiebedarf zu decken, müssten die Länder zusammen je nach energiepolitischer Ausrichtung

11,7 Billionen bis 19,9 Billionen Dollar (etwa 14,7 Milliarden Euro) investieren. Der Bericht wurde am Montag zum Auftakt des 22. Weltenergiekongresses in der südkoreanischen Stadt Taegu vorgelegt.

Die Bank riet den Ländern zu einer stärkeren Zusammenarbeit, um die Herausforderungen für die Energieversorgung anpacken zu können. Allein würden sie den Energiebedarf nicht decken können, warnte der ADB-Sonderberater für Infrastruktur und öffentlich-private Partnerschaften.

Die Region muss die grenzüberschreitenden Verbindungen von Strom- und Gasnetzen beschleunigen, um die Effizienz zu steigern, Kosten zu senken und von dem Energieüberschuss zu profitieren. Angekurbelt werde die Nachfrage durch das wirtschaftliche Wachstum und den zunehmenden Wohlstand in der Region. Der Stromverbrauch dürfte sich in den nächsten 20 Jahren mehr als verdoppeln. Mit der Abhängigkeit von fossilen Energiequellen werden der Bank zufolge auch die Probleme hinsichtlich der Preise, Energiesicherheit und Umwelt durch den Ausstoß klimaschädlicher Gase zunehmen. Die CO_2-Emissionen würden sich in der Region verdoppeln und kämen „auf mehr als die Hälfte des weltweiten totalen Ausstoßes". Die Bank riet den Regierungen, auf mehr „grüne Energie" zu setzen.

Aus Welt -sichten 3.5.2013 erfährt man über den Energiebedarf Asiens noch:

Asien muss im Zuge des Wirtschaftswachstums seine Energienutzung schnell und grundlegend ändern. Diese Diagnose stellt die Asiatische Entwicklungsbank ADB in ihrem jährlichen Wirtschaftsausblick für den Kontinent, der dieses Jahr ein Sonderkapitel zu Energieproblemen enthält. Die ADB erkennt ein dreifaches Problem: Mit dem Energiebedarf selbst wachsen auch die Importabhängigkeit und die Umweltschäden.

Einige Zahlen lassen das Ausmaß des Problem erahnen: Das Sozialprodukt des bevölkerungsreichsten Kontinents wird sich laut ADB bis 2035 mindestens vervierfachen auf dann 44 Prozent der Weltproduktion. Selbst bei Effizienzsteigerungen wird sich der Energiebedarf mindestens verdoppeln. In wenig mehr als zwanzig Jahren dürfte über die Hälfte des globalen Primär-Energiebedarfs auf Asien entfallen – heute ist es ein knappes Drittel, und viele Ärmere haben dort noch keinen Zugang zu moderner Energie.

Wie kann der Bedarf umweltverträglich und bezahlbar gedeckt werden? Nach bisherigem Muster ist das laut ADB kaum möglich. Die Länder Asiens nutzen überwiegend fossile Energiequellen. Wenn sie ihre Erzeugungs- und Verbrauchsmuster beibehalten, verfeuern sie 2035 etwa 80 Prozent mehr Kohle als heute; der Verbrauch an Erdöl würde auf das Doppelte, der von Erdgas auf das Dreifache wachsen. Öl und Gas müssen bereits großenteils importiert werden; die Importabhängigkeit wird noch wachsen. Das alles wird laut ADB nicht nur den Treibhauseffekt weiter anheizen, sondern auch lokale Umweltschäden vergrößern – in den meisten großen Städten Asiens ist die Luft schon heute gesundheitsschädlich.

Die Studie zeigt, dass rein technische Lösungen nicht genügen werden.

Die Bank rät daher, nach dem Beispiel Japans die Energieeffizienz zu steigern, Preissubventionen für Energie durch gezielte Beihilfen für Schwache zu ersetzen und Treibhausgase zu besteuern. Zusätzlich solle die Nachfrage nach Energie mit Hilfe von grüner Stadtplanung, Verkehrsvermeidung und mehr öffentlichem Verkehr gedämpft werden. Auf der Angebotsseite sollten erneuerbare Energien ausgebaut und ein internationaler Verbund geschaffen werden, um den Bedarf effizienter decken zu können. Wegen der hohen Kosten der Erneuerbaren und der Landknappheit für Agrotreibstoffe könne Asien aber auf die Modernisierung der Kohle- und Gaskraftwerke und die Kernkraft nicht verzichten.

Damit drängt die ADB, das Umdenken zu beschleunigen, das in den größten Energieverbrauchern Asiens, China und Indien, zögernd eingesetzt hat. Die Studie macht klar, wie gigantisch die Aufgabe „nachhaltige Energieversorgung in Asien" ist und dass rein technische Lösungen nicht reichen. Inwieweit die Rezepte der ADB tragen, ist aber offen. Nicht problematisiert wird etwa, dass ein Gutteil der Umweltschäden in China von Exporten und damit dem Konsum bei uns bedingt ist. *(bl)*

Energiebedarf: Die Jahrhundertstatistik der US-Energieagentur

24.07.2013   07:44 Uhr Ben Schwan

Die amerikanische Energieagentur EIA, die zum United States Department of Energy (DOE) gehört, hat eine Statistik veröffentlicht, die den Energieverbrauch der Vereinigten Staaten in den letzten 236 Jahren erfasst, berichtet *Technology Review* in seiner Online-Ausgabe. Die Chart, die im Jahr der Unabhängigkeitserklärung 1776 beginnt, zeigt deutlich, dass von einem Ende des Zeitalters fossiler Energieträger nicht die Rede sein kann: Obwohl auch in den USA die Nutzung erneuerbarer Energieformen wie Sonne und Wind stark angestiegen ist, ändert sich am Bedarf nach Kohle, Erdgas und Erdöl wenig.

Anzeige.

Zwar wird in den USA heute in Btu umgerechnet mehr Energie aus Wind und Sonne gewonnen als insgesamt Mitte des 19. Jahrhunderts an Energie verbraucht wurde. Allerdings zeigt die EIA-Statistik auch, dass die Einführung einer neuen Energiequelle nicht immer dafür sorgt, dass alte Formen aussterben, jedenfalls nicht auf längere Sicht. Selbst der Verbrauch von Holz ist mittlerweile so groß wie Mitte des 19. Jahrhunderts, obwohl es ein vergleichsweise "unbequemer" Energieträger ist.

Steinkohle hat in den letzten Jahrhunderten am längsten durchgehalten. Bereits Anfang des 18. Jahrhunderts ging es hier in den USA mit der großangelegten Förderung los. Riesige Mengen zur Energiegewinnung wurden allerdings erst Mitte des 19. Jahrhunderts eingesetzt, was dann rasch anstieg. Und: Die Gesamtenergienutzung in Btu verfünffachte sich. Als Erdöl sich langsam durchzusetzen begann, sah es anfangs danach aus, als würde die Kohle verdrängt. Doch der Sektor erholte sich schnell. Ein ähnliches Bild zeigte sich, als die Erdgasnutzung anzog – aber auch hier regenerierte sich die Steinkohlenachfrage in den USA nach wenigen Jahrzehnten.

Verkehrsgestaltung weltweit im Umbruch

Der Verkehr regelt die Bewegung von Personen, Gütern und Informationen von einem Ort zu einem anderen. Die Entwicklung wird von den Faktoren Bevölkerungswachstum, Arbeitsmarktsituation und Wirtschaftswachstum beeinflusst. Seit Jahrzehnten ist die Entwicklung auch durch stets neue Technogien beeinflusst. Die Verkehrsarten gliedern sich in folgende Bereiche:

- Flughäfen (Airports und Heliports, Drohnen Ports)
- Eisenbahnen (Breit-, Normal- und Schmalspur)
- Strassenbahnen und Busse
- Strassennetze (aller Kategorien)
- Wasserwege
- Schiffshäfen und Hafenanlagen
- Pipelines
- Datennetze (über Kabel oder kabellos)

Der Verkehr wird auch in folgende Kategorien eingeteilt

- Grenzüberschreitender Verkehr – Fernverkehr – Nahverkehr – Stadtverkehr
- Individualverkehr – öffentlicher Verkehr (Kollektivverkehr)
- Motorisierter – nicht-motorisierter Verkehr
- Personenverkehr – Güterverkehr (Güterkraftverkehr und Wirtschaftsverkehr) – Datenverkehr
- Reiseverkehr – Urlaubsverkehr – Berufsverkehr
- Strassenverkehr – Schienenverkehr – Luftverkehr – Schiffsverkehr – Fussverkehr
- Umweltverbund – motorisierter Individualverkehr
- Datenverkehr

Verkehr verursacht immer auch nicht internalisierte soziale Kosten, die als Externer Effekt nicht von den Verursachern (den Verkehrsteilnehmern) getragen werden. In den Verkehrswissenschaften besteht ein breiter Konsens zur Internalisierung dieser Kosten.[13]

Externe Kosten traten bereits sehr früh auf, sind jedoch methodisch komplex zu fassen, da negative Auswirkungen wie beispielsweise Lärmentwicklung, Luftqualität, Landschaft oder Verkehrssicherheit schwer zu quantifizieren sind. Fest steht jedoch, dass allen technischen Fortschritten und Effizienzsteigerungen zum Trotz die sozialen Kosten des Verkehrs durch dessen starken Anstieg massiv zugenommen haben. Der Großteil der sozialen Kosten entfällt heutzutage auf den Straßenverkehr.[14]

Die Verkehrswende beinhaltet Maßnahmen, die den nachteiligen Folgen von Verkehren entgegenwirken sollen.

Mit den Beziehungen zwischen dem Verkehr und seiner Umwelt beschäftigt sich die Verkehrsökologie.

Umwelt- und Gesundheitsprobleme

Kraftfahrzeuge belasten die Umwelt mit verschiedenen Luftschadstoffen wie Kohlenstoffmonoxid, Stickoxiden, Rußpartikeln, Benzol, Kohlenstoffdioxid, unverbrannten Kohlenwasserstoffen (siehe auch flüchtige organische Verbindungen) und Folgeprodukten (beispielsweise bodennahem Ozon und Feinstaub) sowie Abwärme, Abriebe von Reifen und Verschleißteilen, Reste von während der Fahrt aufgebrachten Scheibenreinigungsmitteln und Schmierölverlusten. Diese Emissionen sind als Immissionen in der Luft, ausgewaschen durch Niederschläge im Wasser oder abgelagert (adsorbiert) auf Gebäuden oder im Boden zu finden. Saurer Regen, aggressive Luft, gefährdete Pflanzen, Tiere und Grundwasser sind ebenso Folgen wie Gesundheitsprobleme. Obwohl noch immer Grenzwerte überschritten werden, ist es bezüglich der meisten Schadstoffe durch Vorschriften gelungen, die Konzentration in den Abgasemissionen technisch zu verringern.[17] Indirekt schädigt auch das für die Eisfreihaltung von Straßen eingesetzte Streusalz die Umwelt, vor allem die Vegetation.

Problematisch sind insbesondere Energieverbrauch, Luftverschmutzung und Kohlenstoffdioxid-Emissionen des Verkehrs. Etwa 20 % der Kohlenstoffdioxid-Emissionen in Deutschland werden vom Verkehrssektor verursacht. Im Gegensatz zu Industrie, Haushalten und Energiewirtschaft konnte der Verkehrssektor die Emissionen kaum verringern.[18] Im Jahr 2000 wurden für Verkehrszwecke weltweit 1,81 Mrd. Tonnen Treibstoffe verbrannt.[19] Zudem kamen im Jahr 2010 etwa 164.000 Menschen durch im Landverkehr verursachte Luftverschmutzung vorzeitig ums Leben. In Deutschland starben im gleichen Jahr mehr als 6.900 Menschen an Luftverschmutzung durch den Landverkehr. Nicht in diesen Zahlen enthalten sind vorzeitige Todesfälle durch die Schadstoffemissionen von Schifffahrt und Luftverkehr.[20] Eine neuere Studie des gleichen Hauptautors mit aktualisierten Zahlen kommt zu dem Ergebnis, dass durch die Luftverschmutzung des Straßenverkehrs in Deutschland jährlich 11.000 Todesfälle verursacht werden, die potentiell vermieden werden könnten. Diese Zahl ist 3,5 Mal so hoch wie die Todesopfer durch Unfälle.[21]

Umweltschäden durch Kraftfahrzeuge können auch durch Verdichtung des Bodens, Versiegelung von Grundflächen, Zerschneidung von Lebensräumen, Verbrauch von Grünflächen durch Straßenbau und durch Verlust der mit den Fahrzeugen kollidierten Insekten[22] und anderen Tieren in der ökologischen Nahrungskette, entstehen.

Transportwesen vor größten Veränderungen

Im Bereich des Güterverkehrs in Deutschland war die Transportleistung aller Verkehrsträger im Jahr 2016 mit rund 660 Milliarden Tonnenkilometern zu beziffern. Der größte Anteil entfiel dabei mit über 470 Milliarden Tonnenkilometern auf straßengebundene Verkehre, gefolgt von dem Transport per Schiene, Binnenschiff und Rohrleitungen. Der Eisenbahngüterverkehr ging im Jahr 2016 um 1,6 Prozent im Vergleich zum Vorjahr zurück, wohingegen im Bereich der Rohrleitungen ein Zuwachs von zwei Prozent zu verbuchen war. Das gesamte Güteraufkommen, welches in Deutschland auf der Schiene befördert wurde, belief sich im Jahr 2016 auf rund 360 Millionen Tonnen.

PROGNOS die führende Wirtschaftsberatung veröffent-lichte zur Transportentwicklung folgende Fakten:

Die weltweite Wirtschafts- und Finanzkrise ist noch immer spürbar – insbesondere im Güterverkehr. Erst 2019/2020 ist damit zu rechnen, dass die Güterverkehrsleistung in Europa das Vorkrisenniveau von 2007 wieder erreicht. Danach sind die Aussichten positiv: bis ins Jahr 2040 werden die Transportmärkte weiter um etwa 30 % wachsen, allen voran die Länder Österreich, Spanien und Polen. Der deutsche Güterverkehrsmarkt erholte sich deutlich schneller von der Krise und erreichte das Vorkrisenniveau bereits in diesem Jahr.

Die BRICS-Länder sind die aufstrebenden Märkte des Güterverkehrs. Wir erwarten, dass die Güterverkehrsleistung in diesen Ländern um etwa 110 % zunimmt. Dadurch wird das Verhältnis der Güterverkehrsleistung der BRICS-Staaten zu dem der EU-Länder bis in das Jahr 2040 auf 14 zu 1 ansteigen. Mit einem Anteil von mehr als 85 % des gesamten Anstiegs sind China und Indien die beiden wichtigsten Treiber dieser Entwicklung. Außerhalb der BRICS-Staaten zeigt die Türkei ein nennenswertes Wachstum, wo sicht die Güterverkehrsleistung bis 2040 in etwa verdoppeln wird.

Schon im Jahr 2014 verteilte sich die Güterverkehrsleistung in den zwei Ländergruppen sehr unterschiedlich auf die verschiedenen Verkehrsträger. Dies wird sich zukünftig fortsetzen. Das zeigt sich deutlich im Straßengüterverkehr: Während dessen Bedeutung in den EU-Ländern leicht abnehmen wird, steigt dessen Anteil in den BRICS-Staaten bis 2040 auf etwa 54 % der gesamten Güterverkehrsleistung. Gleichzeitig sinkt in den BRICS-Staaten der Anteil des Schienengüterverkehrs. In den EU-Ländern gewinnt dieser an Bedeutung. Hintergrund ist die steigende Wettbewerbsfähigkeit des Verkehrsträgers in Europa. Die vergleichsweise hohe Bedeutung der Binnenwasserstraße in den BRICS-Ländern hat auch in Zukunft Bestand.

Die Verkehrssituation ist zunächst länderspezifisch und deshalb sehr unterschiedlich zu meistern. Eines sollte stets berücksichtigt werden: Länder mit noch wenig Verkehrswegen sollten vermeiden, im Laufe der Verkehrsentwicklung die Fehler zu wiederholen, die hochentwickelte Länder bereits hinter sich haben. Eine vernünftige Verkehrsplanung geht immer davon aus, dass zuerst die Verkehrsverhältnisse im Lande selbst verbessert werden müssen, die den Menschen das Leben und Arbeiten erleichtern. Im internationalen Verkehr geht es zunächst um die Verkehrsanbindung.

Problemkreise – Auf- und Ausbau des Energiebedarfs und dessen Auswirkung

1. …………………………………………-

2. …………………………………………

3. …………………………………………

4. …………………………………………

5. …………………………………………

6. …………………………………………

7. …………………………………………

8. …………………………………………

9. …………………………………………

10. …………………………………………

Bemerkungen

Problemkreise - Energiesparprogramme und deren Auswirkung

1.   ....

2.   ....

3.   ....

4.   ....

5.   ....

6.   ....

7.   ....

8.   ....

9.   ....

10.   ....

Bemerkungen

Problemkreise – Entwicklung Schienentransport und dessen Auswirkung

1. ……………………………………………
2. ……………………………………………
3. ……………………………………………
4. ……………………………………………
5. ……………………………………………
6. ……………………………………………
7. ……………………………………………
8. ……………………………………………
9. ……………………………………-
10. ……………………………………………

Bemerkungen

Problemkreise – Entwicklung Strassentransport und dessen
Auswirkung

1. ....

2. ....

3. ....

4. ....

5. ....

6. ....

7. ....

8. ....

9. ....

10. ....

Bemerkungen

Problemkreise – Entwicklung Luftverkehr und dessen Auswirkung

1. …………………………………………

2. …………………………………………

3. …………………………………………

4. …………………………………………

5. …………………………………………

6. …………………………………………

7. …………………………………………

8. …………………………………………

9. …………………………………………

10. …………………………………………

Bemerkungen

Problemkreise – Entwicklung Drohnenverkehr und deren
Auswirkung

1.   ....

2.   ....

3.   ....

4.   ....

5.   ....

6.   ....

7.   ....

8.   ....

9.   ....

10.   ....

Bemerkungen

KAPITEL 7
DIE POLITPARTEI <GESUNDHEITS-, ALTERS- UND SOZIALFÜRSORGE>

Eine besondere Herausforderung für jedes Land ist das Gesundheitswesen. Es umfasst die folgenden Sparten:

- Gesundheitsvorsorge
- Medizinische Behandlung bei Krankheit
- Medizinische Behandlung bei Unfall
- Altersfürsorge
- Beihilfen für chronisch Kranke

Es ist von zentralem Interesse, dass das Gesundheitswesen darauf abzielt, die Menschen von ihrer Kindheit bis ins Seniorenalter möglichst gesund zu erhalten. Massnahmen, die dieses Ziel unterstützen, sind:

- Ausgewogene und gesunde Ernährung
- Sichere Trinkwasserversorgung
- Gute Hygieneinfrastrukturen
- Sport für Kinder und Erwachsene
- Möglichkeit für Kinder, in Gruppen aktiv zu sein
- Präventivgruppen für psychisch belastete Menschen
- Erhaltung einer intakten Umwelt

Ausgewogene und gesunde Ernährung
Jedes Land ist selbst verantwortlich für die Herstellung der primären Nahrungsmittel wie Getreide, Gemüse, Obst und Milchprodukte. Viele Länder nutzen jedoch die Nahrungsmittelproduktion prioritär für den Export. Damit erhöhen sie das BIP und vernachlässigen gleichzeitig ihre

Bevölkerung. Hilfsorganisationen bringen dann Grundnahrungsmitttel in die Länder, was letztlich dazu führt, dass immer weniger Nahrungsmittel für die eigene Bevölkerung angebaut werden.

Das System muss drastisch geändert werden. Jedes Land muss mindestens 66% der Grundnahrungsmittel für die Selbstversorgung anbauen. Ein Drittel könnte dann importiert werden. Leider die Bevölkerung an Mangelernährung wird deren Gesundheit stark geschädigt.

Sichere Trinkwasserversorgung
Für die Gesundheit ebenso wichtig, ist die saubere Trinkwasserversorgung. Sie ist in vielen Ländern bei weitem nicht gesichert. Millionen von Menschen leiden unter Trinkwassermangel und verseuchtem Wasser. Beides führt zu schweren Krankheiten und einer hohen Sterblichkeitsrate.
Zu viele Länder haben eine ungenügend sichere Trinkwasserversorgung. Es braucht riesige Anstrengungen, um diese Versorgungslücken so rasch als möglich zu eliminieren. Eine sichere Trinkwasserversorgung umfasst die folgenden Stufen:

1. Wassergewinnung aus Grund- oder Oberflächenwasser
2. Schwebstoffentfernung über verschiedene Filterstufen
3. Desinfektion mit modularer Mess- und Steuerungstechnik
4. Oxidation durch ausfallsichere Komplettlösungen
5. Wassertransport und -verteilung mit bewährter Fernwirktechniik für Wassertransport und -verteilung

Die Krankheiten und Seuchen, die durch fehlende oder unsaubere Wasserversorgung entstehen, betreffen rund 650 Millionen Menschen auf dieser Welt. Täglich sterben über 5000 Kinder an den Folgen von Wassermangel. In vielen Ländern müssen Menschen, meist Frauen, stundenlang zu einer Wasserquelle gehen, um von dort bei oft brütender Hitze ein paar Liter Wasser mit nach Hause zu nehmen. In manchen Millionenstädten gibt es keine genügende Wasserversorgung in den Armenvierteln dieser Städte. Soll die Gesundheit nicht Krankheiten und Seuchen weichen, muss die Wasserversorgung ernsthaft in allen Ländern dieser Erde sichergestellt werden.

Gute Hygieneinfrastrukturen
Ebenso wichtig wie die Wasserversorgung sind gute Hygienebedingungen. Sie tragen dazu bei, dass sich keine Seuchen ausbreiten.

<Planet wissen> schreibt dazu auf seiner Webseite:

Sauberkeit und Hygiene sind für ein gesundes Leben unerlässlich. Bereits in der Antike war den Menschen bewusst, dass es zwischen Hygiene und Gesundheit einen Zusammenhang gibt. Badehäuser gehörten zur Infrastruktur der frühen Hochkulturen. Dennoch gab es in der Geschichte der Menschheit immer wieder Krankheiten und Seuchen, die sich auch wegen mangelnder Hygiene ausbreiten konnten.

- Antike Ärzte empfahlen Hygiene als Vorbeugung vor Krankheiten.
- Hygienemaßnahmen können die Pest im Mittelalter nicht verhindern.

- Durch mangelnde Hygiene starben viele Menschen in Krankenhäusern.
- In Großstädten breiteten sich Seuchen besonders schnell aus.
- Hygiene kann auch die Ansteckung mit Aids verhindern.

Hohe Hygienestandards der Antike

Schon das antike Athen verfügte mehrere hundert Jahre vor Beginn unserer Zeitrechnung über ein umfangreiches Kanalisationssystem, Frischwasserzufuhr, öffentliche Bäder und Toiletten. Doch als die Pest im Jahre 430 vor Christus die Stadt erreichte, konnten die Bewohner trotz der für damalige Verhältnisse hohen Hygienestandards nicht gerettet werden. Jeder Dritte der 200.000 Einwohner starb am "Schwarzen Tod".

Der Grund: Die Übertragungswege und die Auslöser verheerender Seuchen waren noch unbekannt.

Auch dem berühmten griechischen Arzt Hippokrates (etwa 460 bis 370 vor Christus) blieb im 4. Jahrhundert vor Christus nichts anderes übrig, als in seinen Werken über Epidemien nur den Verlauf verschiedener Infektionskrankheiten zu beschreiben.

Als vorbeugende Massnahmen empfahl er eine gesunde Lebensweise, Hygiene, Gymnastik und Diät. Über geeignete Behandlungsmethoden verfügte er dagegen noch nicht.

Mit Hygiene gegen Aids

Eine andere Infektionskrankheit ist zur Geißel der modernen Menschheit geworden. Über die Immunschwächekrankheit Aids wurde 1981 erstmals berichtet. An der damals noch unbekannten Krankheit starben vor allem Homosexuelle, Prostituierte und Drogensüchtige. 1983 konnte ein Virus als Krankheitserreger nachgewiesen werden, der HI-Virus.

Heute gilt Aids schon längst nicht mehr als "Randgruppenkrankheit". Die Seuche breitet sich mit rasender Geschwindigkeit aus, inzwischen sind viele Menschen in Afrika und Asien mit der immer noch unheilbaren Krankheit infiziert.

Als einzig sicherer Schutz gegen Aids gelten nach wie vor "Safer Sex" mit Kondomen, saubere Spritzen für Fixer und sterile Nadeln bei Bluttransfusionen. Mit einem Wort: Hygiene.

Kleidung, Küche und Körper

Waschen, Putzen, Duschen - diese Tätigkeiten sind wichtig für die Hygiene und somit für die Gesundheit. Da wir täglich von für die Augen nicht sichtbaren Bakterien und Krankheitserregern umgeben sind und diese sich auch an Kleidung und Körper haften können, sollte beides stets rein gehalten werden, um einer Infektion vorzubeugen. Allerdings reicht das einfache Waschen und Putzen mit herkömmlichen Reinigungsmitteln im Haushalt aus, um diese Erreger abzutöten. Antibakterielle Mittel und aggressive Säurereiniger sind oftmals schädlich und nicht notwendig, daher sollte genau überlegt werden, ob sie wirklich zum Einsatz kommen.

Tägliche Reinigung der Hände

Die wohl wichtigste Hygienemaßnahme ist das Händewa schen. So können Erreger, mit denen die Hände im Laufe des Tages in Kontakt gekommen sind, durch das Waschen mit Seife von den Händen entfernt werden. Auf diese Weise können Infektionen verhindert werden. Allerdings kann übermäßige Körperhygiene auch durchaus schäd lich sein, da der wichtige Säureschutzmantel der Haut dadurch zerstört werden kann und Erreger und Keime es somit leichter haben, in die Haut einzudringen.

Hygiene ist in allen Ländern ein Bereich des Lebens, der in der Schule vermittelt werden muss, als auch in Kursen für Erwachsene, die bisher kaum etwas über Hygiene gehört haben.

Sport für Kinder und Erwachsene
Der Mensch gehört auch zu den Lebewesen, die Ständig in Bewegung sein müssen, was früher natürlich viel mehr der Fall war, als heute. Der technologische Fortschritt durch Maschinen, Fahrzeuge, Automation und digitale Evolution haben den Menschen viel an Eigenbeweglich-keit geraubt, ihn zum sitzenden Mitarbeitenden gemacht, mit Ausnahme der Handwerke, in denen noch viel Be-weglichkeit abverlangt wird.

In den Schulen muss beginnen, was der Mensch Zeit seines Lebens für seine Beweglichkeit tun muss. Die Kinder in den Pausenhöfen machen es vor, was <gesund> ist. Sie rennen in den Pausenhöfen herum, sie machen Hüpf-spiele und sind gerne an Klettergestellen. Daneben lernen sie im Sportunterricht ihren Körper gezielt zu trainieren, beginnen dann auch mit Leichtathletik und Ballsportarten. Schade, dass in fast allen Ländern der Sportunterricht auf 2 Wochenstunden reduziert wurde und der Lateinunterricht immer noch bei 6 Wochenstunden angesetzt ist.

Sport als Ausgleich zu den kognitiv gesteuerten Schulfächern bräuchte mindestens 2 Mal 2 Wochenstunden um eine nachhaltige Wirkung zu erzielen. Auch an den Universitäten müsste Sport ein Pflichtfach sein, ähnlich dem Modell an den amerikanischen Universitäten.

Sport als Präventivmassnahme müsste auch von den Krankenkassen gefördert werden, denn die Bewegung neben viel sitzenden Arbeiten trägt dazu bei, dass Rücken und Muskulatur periodisch gefestigt werden. Im letzten Lebensabschnitt der Menschen steht das Angebot an Seniorensport, zu dem auch Wanderungen aller Art gehören- Wie wichtig Sport für die Gesundheit der Menschen ist, dürfte längst auch durch Statistiken bewiesen sein.

Zu den zentralen Sportarten mit Wirkung auf den gesamten Bewegungsapparat des Menschen gehören:

- Schwimmen
- Wandern
- Radfahren

Diese Sportarten können dann optimal genutzt werden, wenn die notwendigen Infrastrukturen zur Verfügung stehen, wie Schwimmbäder, Wanderwege mit ausreichend

Raststätten und Fahrradwege, die getrennt vom übrigen Verkehr angelegt werden.

Möglichkeit für Kinder, in Gruppen aktiv zu sein.
Kinder brauchen für ihre Entwicklung die Geborgenheit ihrer Eltern, die Lernmöglichkeit in den Schulen und die Gestaltungsmöglichkeit ihrer Freizeit in Kindergruppen. Kinder dürfen in der Freizeit nicht sich selbst überlassen werden, denn allzu gross ist die Gefahr, dass sie dann durch andere Kinder negativ beeinflusst werden. In den Armenvierteln der Grossstädte sieht man deutlich, dass Kinder den Wunsch haben, von ihresgleichen akzeptiert zu werden, also ohne zu überlegen, sich irgendwelchen Gruppierungen anschliessen und in die Kriminalität abtriften.

Deshalb muss der Staat als Präventivmassnahme Gruppen fördern, die den Kindern eine unbeschwerte Zeit gewähren. Solche Gruppen sind etwa:

- Spielgruppen für Kleinkinder
- Tanzgruppen für Kinder
- Musikgruppen
- Gesangsgruppen
- Handarbeitsgruppen
- Kochgruppen
- Lerngruppen für Nachhilfeunterricht
- Trainingsgruppen für Spiele wie Schach
- Gamegruppen für Computerspiele
- Sportvereine mit Jugendförderung
- Klassische Gruppen wie Pfadfinder, Jungwacht oder Blauring
- Ökumenische Gruppen

Die Vielfalt an Freizeitangeboten ist schier unbegrenzt. Was es aber braucht, sind Menschen, die sich für diese Gruppen zur Verfügung stellen, die Organisation der Gruppe aufbauen und dafür sorgen, dass die Programme attraktiv und konstant durchgeführt werden.

Präventivgruppen für psychisch belastete Menschen
In den vergangenen 3 Jahrzehnten hat sich die psychische Beeinträchtigung von Menschen stark vergrössert. Es sind Beeinträchtigungen, verursacht durch folgende Ereignisse:

- Lebensnotlage im Überlebenskampf
- Gewalt in der Familie
- Trauma aus Kriegsregionen
- Träume aus der Behandlung als Flüchtling
- Bedrohungen durch kriminelle Banden
- Vergewaltigungen und sexueller Missbrauch
- Raub von Hab und Gut
- Politische Sanktionen
- Eheliche Zerwürfnisse
- Verlust des Arbeitsplatzes
- Stress und Burnouts durch Überforderung
- Alkohol- und Drogenabhängigkeit
- Altersbeschwerden

Alle diese Ereignisse können psychische Krankheiten auslösen, deren Behandlung oft über Jahre dauert oder sogar chronisch werden. Ein Mittel zur raschen Hilfe sind in diesen Fällen Präventivgruppen, die professionelle Hilfestellung leisten.

Für die einzelnen Gruppen ist es zweckmässig, geeigneten Wohnraum zu schaffen, etwa durch den Ausbau stillgelegter Hotels oder Fabrikräume. Die Dienstleistungen im Umfeld betreuten Wohnens können gut gegliedert werden, teilweise sogar mit einem 24 Stunden Betreuungsdienst.

Es ist eine der wichtigsten Aufgaben, solche betroffenen Menschen nicht an der Rand der Gesellschaft zu verbannen oder gar zu isolieren, sondern sie so gut wie möglich in die Gesellschaft zu integrieren und sie am gesellschaftlichen Leben teilnehmen zu lassen, etwa durch den Besuch von öffentlichen Veranstaltungen, Konzerte, Ausstellungen und regionalen Anlässen.

Wichtig ist auch, dass diese Menschen von ihren Familienangehörigen und Freunden regelmässig besucht werden und Familienfeste feiern können.

Zahlreiche Stiftungen finanzieren Institutionen, die psychisch kranken Menschen durch effiziente Betreuung wieder Boden unter den Füssen geben.

Die Bruderschaft Diakonie bietet über ihre Stiftung eine ganze Palette von Betreuungsmöglichkeiten an für Jugendliche, Erwachsene und Senioren. Dazu ein Auszug aus ihrem Angebot:

Stationäre und teilstationäre Hilfe zur Erziehung bedeutet, dass Kinder und Jugendliche in unseren Einrichtungen intensive Betreuung, Schutz und positive Lebensbedingungen finden.

Wir beraten Sie gerne zu Ihren Fragen. Bei Bedarf arbeiten wir eng mit der Kinder- und Jugendpsychiatrie zusammen.

Wir geben Chancen mit erzieherischen Hilfen

- Innen- und Aussenwohngruppen
- Notaufnahmeplätze in Wohngruppen
- Betreutes Jugendwohnen
- Heilpädagogisch-therapeutische Angebote wie ADHS-Training, Reiten
- Intensivpädagogische Angebote: Arbeitsprojekte, Erlebnispädagogik, Lauftherapie, Kunsttherapie
- Traumatherapie
- Berufsvorbereitende Begleitung

Eine Besonderheit der Einrichtungen der Bruderhaus Diakonie ist, dass die sozialpädagogische und psychologische Betreuung Hand in Hand mit unseren eigenen Schulen, Berufsvorbereitungsmaßnahmen und Ausbildungen in unseren Werkstätten arbeitet.

Arbeit und berufliche Bildung

Die Bruderhaus Diakonie bietet Ausbildung, Qualifizierung und Arbeit. Qualifiziertes Fachpersonal und geschulte Mitarbeiterinnen und Mitarbeiter assistieren dabei, eine möglichst hohe Teilhabe am Arbeitsleben zu ermöglichen.

Junge Menschen haben in der Jugendberufshilfe die Möglichkeit zur Ausbildung.
Berufsvorbereitende Massnahmen richten sich an Jugendliche und Erwachsene. Unsere Angebote sind zudem für Menschen gedacht, die nach längerer Arbeitslosigkeit einen beruflichen Wiedereinstieg anstreben, die sich neu orientieren möchten oder deren Ausbildungsabschluss nicht anerkannt wird.

Bei der Planung und Umsetzung der Arbeits- und Bildungsangebote arbeiten wir mit örtlichen Jobcentern, der Agentur für Arbeit, Ministerien, anderen Trägern und sozialen Einrichtungen zusammen.

Menschen mit geistiger Behinderung oder psychischer Erkrankung erhalten an verschiedenen Standorten in Baden-Württemberg Arbeits- und Beschäftigungsmöglichkeiten.

Schul-, Berufs- und Bildungsmöglichkeiten

Sozial benachteiligte und individuell beeinträchtigte junge Menschen erhalten eine Vielzahl von Leistungen und Angeboten zur beruflichen und sozialen Eingliederung im Übergang von der Schule in die Berufsausbildung und von der Ausbildung ins Erwerbsleben.
Dazu gehören berufsorientierende und -vorbereitende Bildungsmassnahmen, Berufsausbildungen sowie qualifizierende Beschäftigungsangebote.
Ebenso die Möglichkeit, eine Sonderberufsschule oder Sonderberufsfachschule zu besuchen.

Unsere Angebote richten sich an

- Jugendliche und junge Erwachsene
- Migrantinnen und Migranten, Zugewanderte
- Langzeitarbeitslose
- Menschen mit geistiger Behinderung
- Menschen mit psychischer Erkrankung

Teilhabe für ältere Menschen - Beratung, Begegnung, Pflege

Ältere Menschen unterstützen wir mit unserer Beratung, in unseren Begegnungsangeboten, mit ambulanten Diensten bei Ihnen zu Hause, in unseren Pflegeheimen und der Tagespflege.

Angebot nach Leistungen

- Ambulante Dienste
- Beratung
- Betreutes Seniorenwohnen
- Demenz
- Essen auf Rädern
- Kurzzeitpflege
- Stationäre Dauerpflege
- Tagespflege

Bei der Wahl und Gestaltung der Dienstleistungen stehen wir Ihnen zur Seite und unterstützen eine möglichst aktive Lebensgestaltung und Teilhabe. berücksichtigen wir auch Ihr persönliches Umfeld und Ihre Angehörigen.

Wir sind da, wo Sie uns brauchen, und beraten   und betreuen Sie dort, wo Sie wohnen.

Wir unterstützen die Teilhabe an Gemeinschaft und schaf fen Raum für Begegnungen und Austausch. Wir pflegen Kontakte zu Kirchengemein den, Schulen und Kindergär ten, Vereinen und Gruppen. Zahlreiche ehrenamtlich En gagierte sind in unseren Einrichtungen tätig.

Wir leben Nächstenliebe - wir bieten Seelsorge und geist liche Begleitung und unterstützen Sie bei der Teilhabe am Gemeindeleben.

Die fachliche Qualität unserer Arbeit sichern wir durch die ständige Weiterentwicklung unserer Angebote,durch Fort- und Weiterbildungen sowie durch interne und externe Qua litätsmanagementprogramme.

Bruderhausdiakonie

Ringelbachstrasse 211
72762 Reutlingen
Telefon 07121 278-0
info@bruderhausdiakonie.de

Es kann nur von Vorteil sein, wenn man bei der Konzeption von Infrastrukturen die Erfahrung einer gestandenen Organisation nützen würde. Selbstverständlich müssen die jeweils landesspezifischen Gegebenheiten berücksichtigt werden.

Problemkreise – Entwicklungsstufen des Gesundheitssystems und dessen Auswirkung

1. ....

2. ....

3. ....

4. ....

5. ....

6. ....

7. ....

8. ....

9. ....

10. ....

Bemerkungen

Problemkreise – Entwicklung Altersversorgung und deren Auswirkung

1. ....

2. ....

3. ....

4. ....

5. ....

6. ....

7. ....

8. ....

9. ....

10. ....

Bemerkungen

Problemkreise - Präventionsmassnahmen und deren Auswirkung

1.   ....

2.   ....

3.   ....

4.   ....

5.   ....

6.   ....

7.   ....

8.   ....

9.   ....

10. ....

Bemerkungen

Problemkreise - Invalidenbetreuung und deren Auswirkung

1. ....

2. ....

3. ....

4. ....

5. ....

6. ....

7. ....

8. ....

9. ....

10. ....

Bemerkungen

KAPITEL 8
DIE POLITPARTEI
<BILDUNG UND FORSCHUNG>.

Bildung und Forschung sind die Disziplinen in jedem Staat, die langfristig gesehen die eigentlichen Motore des Fortschrittes und der Wohlstandssicherung sind. Wer in Bildung und Forschung investiert, wird dafür sehr gut belohnt.

Ludger Wossmann* schreibt dazu:

Die volkswirtschaftliche Bedeutung von Bildung

John F. Kennedy hat gesagt: "Es gibt nur eins, was auf Dauer teurer ist als Bildung: keine Bildung." Die aktuelle bildungsökonomische Forschung belegt, wie recht er hatte. Nichts ist für den langfristigen Wohlstand des Einzelnen wie ganzer Gesellschaften wichtiger als gute Bildung, und zwar sowohl für die Breite der Bevölkerung als auch für die Leistungsstärksten. Welche Konsequenzen ergeben sich daraus für die Bildungspolitik?

Lernen als Investition? "Die Folgekosten unzureichender Bildung durch entgangenes Wirtschaftswachstum sind gewaltig." (© picture alliance/zb)

Aus ökonomischer Sicht kann Bildung als Investition in das Wissen und die Fähigkeiten der Bevölkerung angesehen werden. Bildung stattet die Menschen mit den Fähigkeiten aus, die sie beim Ausführen ihrer Arbeitsaufgaben produktiver machen. Zudem vermittelt sie das Wissen und die Kompetenzen, die es den Menschen ermöglichen, neue Ideen zu entwickeln und anzuwenden, die wiederum Innovation und technologischen Fortschritt hervorbringen. In dem Ausmaß, wie Fähigkeiten, Wissen und Kompetenzen die individuelle Produktivität erhöhen, werden besser gebildete Menschen höhere Einkommen erzielen können und weniger von Arbeitslosigkeit bedroht sein. Auf Ebene der gesamten Volkswirtschaft kann Bildung das langfristige Wirtschaftswachstum beflügeln, indem sie die gesamtwirtschaftliche Produktivität erhöht und indem sie hilft, Innovationen hervorzubringen und zu verbreiten, die technologischen Fortschritt mit sich bringen.

Bildung und gesamtwirtschaftlicher Wohlstand

Neuere wissenschaftliche Untersuchungen belegen, dass die Bildungsleistungen der Bevölkerung, wie sie etwa als Kompetenzen in internationalen Schülertests gemessen werden, in der Tat der wohl wichtigste Bestimmungsfaktor für das langfristige volkswirtschaftliche Wachstum sind (Hanushek und Wössmann 2008, 2015). Um dies zu untersuchen, haben wir die Ergebnisse der seit Mitte der 1960er Jahre in vielen Ländern der Welt durchgeführten internationalen Schulleistungsstudien in Mathematik und Naturwissenschaften – quasi die PISA-Vorgängerstudien – zu einem Maß zusammengefasst, das die durchschnittlichen schulischen Leistungen der Bevölkerung dieser Länder abbilden soll. Anschließend haben wir berechnet, welchen Einfluss diese durchschnittlichen Schülerleistungen auf das Wirtschaftswachstum dieser Länder hatten.

Für die 50 Länder, für die neben den Schülerleistungsdaten auch international vergleichbare Wirtschaftsdaten vorliegen, ergibt sich das in der Abbildung dargestellte Bild: Je besser die Leistungen in den PISA-Vorgängertests, desto höher ist das Wachstum des Bruttoinlandsprodukts pro Kopf seit 1960. Der eindeutige Zusammenhang ist frappierend: In Ländern mit hohen Kompetenzen ist die Wirtschaft schnell gewachsen, Länder mit niedrigen Kompetenzen sind kaum von der Stelle gekommen. Während etwa Singapur (SGP) als eines der Länder mit den besten Bildungsleistungen jährlich mit durchschnittlich über 6 Prozent gewachsen ist, lag die Wachstumsrate von Peru (PER) als einem der Länder mit den schlechtesten Bildungsleistungen bei unter 1 Prozent. Anders ausgedrückt: Die Einwohner Perus sind im Jahre 2000 durchschnittlich um etwa die Hälfte reicher als noch 1960; die Einwohner Singapurs hingegen sind über dreizehnmal so reich wie 1960!

Bildungsleistungen und langfristiges Wirtschaftswachstum (Mehr dazu...) (bpb) Lizenz: cc by-ncnd/3.0/de/

Mit einem so einfachen Modell, das neben den Bildungsleistungen lediglich das Ausgangsniveau des Bruttoinlandsprodukts pro Kopf einbezieht, lässt sich der Großteil der internationalen Unterschiede im langfristigen Wirtschaftswachstum erklären. Der Einfluss der Bildungsleistungen auf das Wirtschaftswachstum ist dabei ausgesprochen robust, er bleibt auch dann bestehen, wenn man weitere für das Wirtschaftswachstum wichtige Faktoren hinzunimmt wie Offenheit für internationalen Handel, Eigentumssicherheit, Lage in den Tropen, Fertilität oder Kapital.
Sobald die Bildungsleistungen im Wachstumsmodell berücksichtigt werden, erweist sich darüber hinaus die bloße

Anzahl der Bildungsjahre als bedeutungslos. Anders ausgedrückt: Bildung wirkt sich nur in dem Maße wirtschaftlich aus, wie sie auch tatsächlich höhere Kompetenzen vermittelt. Es reicht nicht, nur die Schul- oder Universitätsbank zu drücken; auf das Gelernte kommt es an.

Nun könnte der Zusammenhang ja prinzipiell auch umgekehrt sein: Länder mit starkem Wirtschaftswachstum können ihre Schulen besser ausstatten und erreichen deshalb höhere Bildungsleistungen. Oder nicht betrachtete dritte Faktoren wie kulturelle Unterschiede oder ökonomische Rahmenbedingungen könnten für den Zusammenhang verantwortlich sein, indem sie sowohl das Wirtschaftswachstum als auch die Bildungsleistungen verbessern. Die aktuelle Forschung belegt jedoch eindrucksvoll, dass es sich bei dem Zusammenhang um einen ursächlichen Effekt höherer Bildungsleistungen handelt (siehe Hanushek und Wössmann 2015 für Details).

Zusätzlich zeigt sich, dass sich sowohl eine gute Bildungsbasis in der Breite der Bevölkerung als auch eine genügend große Leistungsspitze wesentlich auf das Wirtschaftswachstum auswirken. Insofern darf man niemals die Bildung in der Breite der Bevölkerung und die Leistung an der Spitze gegeneinander ausspielen: Es kommt auf beides an. Gute Bildungsleistungen – in der Breite wie an der Spitze – sind die Basis des langfristigen Wachstums und damit des wirtschaftlichen Wohlstands einer Gesellschaft.

Im Umkehrschluss heißt das: Unzureichende Bildungsleistungen kommen eine Gesellschaft teuer zu stehen. Berechnungen anhand des in der Abbildung gezeigten Zusammenhangs zwischen Bildungsleistungen und Wirtschaftswachstum kommen für Deutschland zu dem Ergebnis, dass sich langfristig (über den Lebenszeitraum eines heute geborenen Kindes gerechnet) über 13 Billion Euro an zusätzlichem Bruttoinlandprodukt erzielen ließe, wenn die Bildungsleistungen auf das Niveau führender europäischer PISA-Länder wie Finnland gesteigert würden. Die Folgekosten unzureichender Bildung durch entgangenes Wirtschaftswachstum sind gewaltig.

Das gilt für Entwicklungsländer genauso wie für entwickelte Volkswirtschaften. So zeigt sich zum Beispiel, dass die außergewöhnlich schlechte Wirtschaftsentwicklung Lateinamerikas über das vergangene halbe Jahrhundert sich statistisch gesehen weitgehend auf eine unzulängliche Qualität ihrer Bildungssysteme zurückführen lässt. Zwar weisen viele lateinamerikanische Länder eine durchaus ansehnliche durchschnittliche

Qualifikationsspezifische Arbeitslosenquoten 1975-2011 (Mehr dazu...) (bpb) Lizenz: cc by-nc-nd/3.0/de/

Bildungsdauer ihrer Bevölkerung auf. Aber in internationalen Vergleichstests der tatsächlich erworbenen Kompetenzen schneiden die lateinamerikanischen Länder – wie auch Länder aus Subsahara-Afrika – sehr schlecht ab. Statistisch gesehen lassen sich damit ihre insgesamt niedrigen langfristigen Wachstumsraten seit 1960 vollständig erklären.

Bildung und individueller Wohlstand
Nicht nur für die Gesellschaft insgesamt, sondern auch für jeden Einzelnen zahlt sich eine bessere Bildung aus. Aus

individueller Sicht sinkt mit einem besseren Bildungsab-
schluss das Risiko der Arbeitslosigkeit und steigt das Erwerbseinkommen. In Deutschland beträgt die Arbeitslosigkeit unter Personen mit Hochschulabschluss etwa 2
Prozent, bei Personen mit abgeschlossener Lehre 5 Prozent und bei Personen ohne Berufsbildungsabschluss rund
20 Prozent. Eine gute Bildung ist die beste Versicherung
gegen Arbeitslosigkeit, die in Deutschland heutzutage vor
allem eine Arbeitslosigkeit der Geringqualifizierten ist.

Und auch unter denen, die einen Job haben, gilt: Das
durchschnittliche Einkommen von Personen mit Hochschulabschluss ist rund 70 Prozent höher als das von Personen mit abgeschlossener Lehre und etwa doppelt so
hoch wie das von Personen ohne Berufsbildungsabschluss. Grundsätzlich steigt das durchschnittlich auf dem
Arbeitsmarkt erzielte Einkommen mit dem erreichten Bil-
dungsabschluss. Generell zeigt die empirische Arbeits-
marktforschung, dass sich das spätere Einkommen mit jedem zusätzlichen Bildungsjahr je nach Studie um rund 7
bis 10 Prozent erhöht. Dieser positive Zusammenhang der
Bildung mit dem Erfolg am Arbeitsmarkt ist wohl einer
der robustesten Befunde der empirischen Wirtschaftsforschung überhaupt (Card 1999; Heckman u.a. 2006).

Die wenigen Studien, die neben den Bildungsjahren auch
direkte Kompetenzmaße mit dem Arbeitsmarkterfolg ver-
knüpfen können, belegen auch eine große Bedeutung der
tatsächlich erworbenen Kompetenzen. So misst die
PIAAC-Studie, das sogenannte Erwachsenen-PISA, beispielsweise die alltagsmathematischen Kompetenzen Er-
wachsener in fünf Kompetenzstufen. Es zeigt sich, dass
hierzulande jede höhere Kompetenzstufe einen durch-

schnittlichen Mehrverdienst von knapp einem Viertel ausmacht – das sind pro Stufe über 650 Euro im Monat (Hanushek u.a. 2015).

Wie die großen gesamtwirtschaftlichen Wachstumseffekte besserer Bildung verdeutlichen, geht die bessere Bildung des einen nicht zulasten der wirtschaftlichen Chancen des anderen. Vorstellungen, eine gute Bildung sei nichts mehr wert, wenn jeder sie hätte, sind völlig irrig. Sie basieren auf der falschen Vorstellung eines in seiner Größe feststehenden wirtschaftlichen Kuchens, den es zu verteilen gelte. Ganz im Gegenteil zeigen die Wachstumseffekte, dass die gesamte Volkswirtschaft von der besseren Bildung jedes Einzelnen profitiert. Die Fakten belegen, dass der Kuchen größer wird, wenn alle ein höheres Kompetenzniveau erreichen. Damit ist nicht nur für jeden besser Gebildeten mehr da, sondern gesellschaftlich steht etwa durch ein höheres Steueraufkommen und eine verringerte Zahl von Hilfsbedürftigen auch mehr für die sozialen Sicherungssysteme zur Verfügung. Kurzum: Weil die moderne Volkswirtschaft vor allem von den Fähigkeiten der Bevölkerung getragen wird, ist Bildung der Schlüsselfaktor für die zukünftige Entwicklung unseres Wohlstands.

Neben der Bedeutung für wirtschaftlichen Wohlstand lassen sich auch zahlreiche positive Effekte in wichtigen anderen Dimensionen belegen: Gute Bildung befähigt zu menschlich selbstverantwortlichem Handeln und zur Teilhabe am gesellschaftlichen Leben. Sie kann zivilgesellschaftlich reguliertes Verhalten und staatsbürgerliches Bewusstsein fördern und zu einem gemeinsamen Wertekanon und gesellschaftlichem Zusammenhalt beitragen. Darüber hinaus belegen zahlreiche Studien, dass bessere Bildung etwa mit gestärktem Gesundheitsbewusstsein, weniger Schwangerschaften bei Teenagern und sinkender Kriminalität einhergeht (Lochner 2011).

Ansatzpunkte für die Bildungspolitik

Mit der Schlüsselfunktion guter Bildung für den wirtschaftlichen Wohlstand stellt sich die Frage, wie die Politik die Bildungsleistungen der Bevölkerung effektiv steigern kann. Ein erster Forschungsbefund ist ernüchternd: Eine umfangreiche Literatur kommt nahezu einheitlich zu dem Ergebnis, dass bloße Verkleinerungen der Klassengrößen und sonstige zusätzliche Ausgaben bei gegebenen institutionellen Rahmenbedingungen die Schülerleistungen kaum verbessern (Hanushek 2003; Hanushek und Wössmann 2011). So besteht im internationalen Vergleich keinerlei Zusammenhang zwischen dem Ausgabenniveau und den gemessenen Schülerleistungen: Die besten Länder geben nicht systematisch mehr aus. Beispielsweise gibt Finnland nicht mehr pro Schüler aus als Spanien oder Italien, schneidet in den Leistungsvergleichen aber wesentlich besser ab. Es fehlt nicht in erster Linie am Geld – es muss vor allem effektiv eingesetzt werden.

Zum einen geht es hier um die Verteilung der Mittel über die Bildungsstufen von der frühkindlichen Bildung bis hin zur Erwachsenenbildung. Dabei ergibt sich das stilisierte Bild eines Lebenszyklus der Bildungsfinanzierung: Die wirtschaftlichen Erträge von Bildungsinvestitionen etwa in Form zukünftiger Erwerbseinkommen sinken tendenziell mit zunehmendem Alter (Cunha u.a. 2006).

Das liegt vor allem daran, dass Bildung ein dynamischer Prozess ist, in dem früh erlernte Fähigkeiten späteres Lernen erleichtern. Die höchsten Erträge öffentlicher Investitionen liegen im Bereich der frühkindlichen Bildung für Kinder aus sozial benachteiligten Schichten, da gerade hier nicht automatisch davon ausgegangen werden kann, dass die Kinder zu Hause ein bildungsanregendes Umfeld erfahren (Heckman 2006, 2008).

Im internationalen Vergleich sind die öffentlichen Bildungsinvestitionen pro Kind in Deutschland derzeit im frühkindlichen und Grundschulbereich relativ gering, im Hochschulbereich relativ hoch. Eine Verlagerung der öffentlichen Ausgaben aus späten in frühe Phasen des Bildungslebenszyklus könnte die Bildungsfinanzierung deshalb sowohl effizienter als auch gerechter machen, da von den frühen Investitionen vor allem Kinder aus sozial benachteiligten Schichten profitieren könnten. Dabei ist zu bedenken, dass Eltern hierzulande durch Krippen- und Kindergartengebühren einen gehörigen Teil der Bildung der Kleinkinder selber finanzieren müssen, während der Staat ein gebührenfreies Hochschulstudium finanziert, was insbesondere Kindern aus bessergestellten Familien zugutekommt.

Zum anderen hängt ein besserer Mitteleinsatz von den institutionellen Rahmenbedingungen des Bildungssystems ab. Diese sollten Anreize für alle Beteiligten schaffen, damit sich ihre Anstrengungen für bessere Bildungsergebnisse lohnen. Unsere Analysen der internationalen Schülervergleiche deuten darauf hin, dass dafür vor allem drei institutionelle Faktoren wichtig sind: externe Überprüfungen der in Bildungseinrichtungen von den Lernenden tatsächlich erzielten Leistungen, mehr Selbstständigkeit für

Schulen und Lehrer ("Schulautonomie") sowie mehr Wettbewerb zwischen den Schulen (Hanushek und Wössmann 2011). Zwar ist man sich in der Bildungsforschung zum Teil uneins, ob beziehungsweise unter welchen Bedingungen Bildungsleistungen durch entsprechende Maßnahmen nachhaltig verbessert werden können.

Aus bildungsökonomischer Sicht lässt sich die positive Wirkung dieser Faktoren jedoch gut begründen: Externe Leistungsprüfungen machen die Ergebnisse der pädagogischen Arbeit sichtbar; sie geben Aufschluss darüber, inwieweit die erwarteten Lernergebnisse (Kompetenzen) an einer Schule tatsächlich erreicht werden, und nehmen so vor Ort tätige Akteure wie Schulleitungen und Lehrkräfte in die Verantwortung für ihr Handeln. Auch stellen sie sicher, dass die Ergebnisse der Lernanstrengungen der Schülerinnen und Schüler für andere sichtbar werden und sich deshalb später auszahlen können. Werden die zu erreichenden Kompetenzen in Form von Bildungsstandards extern gesetzt und überprüft, kann es den Schulen und Lehrkräften selbst überlassen werden, mit welchem Stoff und welchen Lehrmethoden sie die Bildungsstandards erreichen. Denn die Schulen wissen zumeist am besten, was vor Ort funktioniert und was nicht. Wenn Eltern schließlich größere Wahlmöglichkeiten zwischen Schulen haben, dann können sie für ihr Kind die aus ihrer Sicht beste Alternative wählen und schlechte Schulen verlieren ihre Schüler. So entsteht ein Wettbewerb der Schulen um die besten pädagogischen Konzepte, von dem das gesamte System profitieren kann.

Alles in allem ist gute Bildung der zentrale Faktor für individuellen wie gesellschaftlichen Wohlstand. Wirtschaftliches Wachstum, Erwerbstätigkeit, zufriedenstellendes

Einkommen und Armutsverhinderung – und damit die Finanzierbarkeit der sozialen Sicherungssysteme und die Errungenschaften der Sozialen Marktwirtschaft – stehen und fallen mit dem Wissen und den Kompetenzen der Bevölkerung. Die volkswirtschaftliche Dimension von Bildung zu ignorieren würde deshalb den Wohlstand zukünftiger Generationen gefährden. Darum ist eine Bildungspolitik, die sicherstellt, dass alle Menschen die bestmöglichen Kompetenzen erreichen können, die beste Sozial- und Wirtschaftspolitik.

*Ende der zitierten Abschnitte

*) Ludger Wössmann ist Professor für Bildungsökonomik an der Ludwig-Maximilians-Universität München und Leiter des ifo Zentrums für Bildungsökonomik. Er forscht vor allem zur Bedeutung von Bildung für den wirtschaftlichen Wohlstand und zur Bedeutung von institutionellen Rahmenbedingungen des Schulsystems für dessen Effizienz und Chancengerechtigkeit. Sein aktuelles Buch "The Knowledge Capital of Nations" (zusammen mit Eric A. Hanushek, Stanford University) erscheint soeben bei MIT Press

Es ist ausser Zweifel, dass die persönliche Entwicklung der Menschen, die Wirtschaftsentwicklung und der damit verbundene Wohlstand ausschliesslich vom Bildungsniveau der Menschen abhängt. Keine Investition ist wichtiger, als die in die Bildung.

Problemkreise – Entwurf eines modernen Bildungssystems und dessen Auswirkung

1. ……………………………………………

2. ……………………………………………

3. ……………………………………………

4. ……………………………………………

5. ……………………………………………

6. ……………………………………………

7. ……………………………………………

8. ……………………………………………

9. ……………………………………………

10. ……………………………………………

Bemerkungen

Problemkreise – Entwicklung eines dualen Bildungssystems und dessen Auswirkung

1.   ....

2.   ....

3.   ....

4.   ....

5.   ....

6.   ....

7.   ....

8.   ....

9.   ....

10.   ....

Bemerkungen zum dualen Bildungssystem (Schule und
Berufslehr

Problemkreise – Entwicklung Vorschule und deren Auswirkung

1. ………………………………………………
2. ………………………………………………
3. ………………………………………………
4. ………………………………………………
5. ………………………………………………
6. ………………………………………………
7. ………………………………………………
8. ………………………………………………
9. ………………………………………………
10. ………………………………………………

Bemerkung

Problemkreise – Konzeption Grundschule nach deren Auswirkung

1. ....

2. ....

3. ....

4. ....

5. ....

6. ....

7. ....

8. ....

9. ....

10. ....

Bemerkungen

Problemkreise – Konzeption Mittelschule und deren Auswirkung

1.   ……………………………………………
2.   ……………………………………………
3.   ……………………………………………
4.   ……………………………………………
5.   ……………………………………………
6.   ……………………………………………
7.   ……………………………………………
8.   …………………………………………
9.   ……………………………………………
10.   ……………………………………………

Bemerkungen

Problemkreise – Auf- und Ausbau der Oberstufe und deren Auswirkung

1. ....

2. ....

3. ....

4. ....

5. ....

6. ....

7. ....

8. ....

9. ....

10. ....

Bemerkungen

Problemkreise – Auf- und Ausbau der Hochschulstufen und deren Auswirkung

1. ……………………………………………
2. ……………………………………………
3. ……………………………………………
4. ……………………………………………
5. ……………………………………………
6. ……………………………………………
7. ……………………………………………
8. ……………………………………………
9. ……………………………………………
10. ……………………………………………

Bemerkung

Problemkreise – Auf- und Ausbau der Forschungsrichtungen und deren Auswirkung

1. ....
2. ....
3. ....
4. ....
5. ....
6. ....
7. ....
8. ....
9. ....
10. ....

Bemerkungen

Problemkreise – Entwicklung von Bildungspro-
grammen für alle Menschen

1.   ....

2.   ....

3.   ....

4.   ....

5.   ....

6.   ....

7.   ....

8.   ....

9.   ....

10.   ....

Bemerkungen

KAPITEL 9
DIE POLITPARTEI <KUNST UND KULTUR >.

Die Förderung der Kunst- und Kulturgestaltung ist für die
Menschen aller Länder ein wichtiges Element der Förderung der eigenen Kreativität und der Pflege von Traditio-
nen aus dem eigenen Kulturbereich.

Das Wort **Kunst** bezeichnet im weitesten Sinne jede
entwickelte Tätigkeit, die auf Wissen, Übung, Wahrneh
mung, Vorstellung und Intuition gegründet ist. Im engeren
Sinne werden damit Ergebnisse gezielter menschlicher
Tätigkeit benannt, die nicht eindeutig durch Funktionen
festgelegt sind. Der Formationsprozess des Kunstbegriffs
unterliegt permanent einem Wandel, der sich entlang von
dynamischen Diskursen, Praktiken und institutionellen In
stanzen entfaltet.

Kunst ist ein menschliches Kulturprodukt, das Ergebnis
eines kreativen Prozesses.] Das Kunstwerk steht meist
am Ende dieses Prozesses, kann aber seit der Moderne
auch der Prozess selbst sein. Ausübende der Kunst im en
geren Sinne werden Künstler genannt.

Die ursprüngliche Bedeutung des Begriffs *Kunst*, die sich
als Gegensatz zur *Natur* auf alle Produkte menschlicher
Tätigkeit beziehen konnte, hat sich zwar erhalten (wie
z. B. in Kunststoff). Jedoch versteht man seit der Aufklä
rung unter Kunst vor allem die Ausdrucksformen der
Schönen Künste: *Bildende Kunst* mit den klassischen
Gattungen *Malerei und Grafik, Bildhauerei, Architektur*
und etlichen Kleinformen sowie seit dem 19. Jahrhundert

dem *Kunstgewerbe* o der *Angewandte Kunst* genannten Grenzbereich zum Kunsthandwerk

- *Musik* mit den Hauptsparten *Komposition* und *Interpretation* in Vokal- und Instrumentalmusik
- *Literatur* mit den Hauptgattungen *Epik*, *Dramatik*, *Lyrik* und *Essayistik*
- *Darstellende Kunst* mit den Hauptsparten *Theater*, *Tanz* und *Film*

Ausdrucksformen und Techniken der Kunst[haben sich seit Beginn der Moderne stark erweitert, so mit der Fotografie in der bildenden Kunst oder mit der Etablierung des Comics als Verbindung bildender Kunst mit der Narrativität der Literatur. Bei den Darstellenden Künsten, Musik und Literatur lassen sich heute auch Ausdrucksformen der Neuen Medien wie Hörfunk, Fernsehen, Werbung und Internet hinzuzählen. Die klassische Einteilung verliert spätestens seit den letzten Jahrzehnten des 20. Jahrhunderts an Bedeutung. Kunstgattungen wie die Installation oder der Bereich der Medienkunst kennen die klassische Grundeinteilung nicht mehr.

Kunst in jeder Art und Ausprägung regt beim Menschen die kognitiven Fähigkeiten an, stimuliert das Wahrnehmungsvermögen, Fördert die eigene Interpretationsfähigkeit, aktiviert die Sinne und trägt insgesamt zu Wohlbefinden bei.

Künstlerische Aktivitäten werden auch in Heilungsprozessen von Patienten eingesetzt.

Wichtig ist, dass Kunst bereits den Jugendlichen im Schulprogramm vermittelt wird. Meistens be-ginnt ein solche

Unterweisung durch Zeichnen und Malen sowie Musizie ren. Im Sprachunterricht werden die Schüler für die Litera tur sensibilisiert.

Die Fortsetzung in den Kunstbereichen findet sich in spe zifischen Unterrichtsklassen und Gruppierungen wie

- Mal- und Zeichenzirkel
- Musikgruppen
- Literaturzirkel
- Gesangsgruppen
- Ballettgruppen
- Tanzvereinigungen

Schliesslich sei noch auf die Kultur hingewiesen, die in Wikipedia wie folgt umschrieben wird:

- **Kultur** (von lateinisch *cultura* „Bearbeitung, Pflege, Ackerbau") bezeichnet im weitesten Sinne alles, was der Mensch selbst gestaltend hervorbringt, im Unterschied zu der von ihm nicht geschaffenen und nicht veränderten Natur. Der südafrikanische Medizinanthropologe Cecil Helman hat 1984 *Kultur* enger definiert, als ein System von Regeln und Gewohnheiten, die das Zusammenleben und Verhalten von Menschen leiten.
- Nach der weitergefassten Definition sind Kulturleistungen alle formenden Umgestaltungen eines gegebenen Materials, wie in der Technik, der Landwirtschaft oder der bildenden Kunst, aber auch geistige Gebilde bzw. „Subkulturen"[2] wie Musik, Sprachen, Moral, Religion, Recht, Wirtschaft und Wissenschaften.

- Der Kulturbegriff ist im Laufe der Geschichte immer wieder von unterschiedlichen Seiten einer Bestimmung unterzogen worden.[3] Je nachdem drückt sich in der Bezeichnung *Kultur* das jeweils lebendige Selbstverständnis und der Zeitgeist einer Epoche aus, der Herrschaftsstatus oder -anspruch bestimmter gesellschaftlicher Klassen oder auch wissenschaftliche und philosophisch-anthropologische Anschauungen. Die Bandbreite der Bedeutungsinhalte ist entsprechend groß und reicht von einer rein beschreibenden (deskriptiven) Verwendung („die Kultur jener Zeit") bis zu einer vorschreibenden (normativen), wenn bei letzterem mit dem Begriff der Kultur zu erfüllende Ansprüche verbunden werden.

- Der Begriff kann sich auf eine Gruppe von Menschen beziehen, denen eine bestimmte Kultur zugesprochen wird, oder auf das, was allen Menschen *als Menschen* zukommt, insofern Kultur sie beispielsweise vom Tier unterscheidet. Während die engere Bestimmung des Begriffs meist mit einem Gebrauch in Einzahl verbunden ist („die Kultur"), kann ein weiter gefasster Begriff auch von „den Kulturen" im Mehrzahl sprechen.

Kultur ist also im weitesten Sinn ein Element gesellschaftlichen Zusammenlebens, was für die Menschen aller Herkunft ein wichtiger Sozialfaktor ist, der auch in Migrations- und Integrationsbemühungen beachtet werden muss.

Kunst- und Kultur regen die Menschen zum Nachdenken an, lassen sie selbst Fantasien, Visionen und eigene Interpretationen spontan entwickeln. Das menschliche Hirn wird durch Kunst und Kultur ungemein angeregt. Kunst und Kultur ist in diesem Sinn auch geistige Nahrung für das Hirn bis ins höchste Alter.

Immer häufiger werden Kunst und Kultur auch in Therapien für Menschen aller Altersstufen eingesetzt. Malen Zeichnen, Musizieren helfen insbesondere Traumata zu überwinden und reduzieren Depressionszustände.

Kunst und Kultur sind in den Menschenrechten verankert und unverzichtbar für das Wohlergehen der Menschen.

oblemkreise – Entwicklung der Künste und deren Auswirkung

1.   …………………………………………………

2.   …………………………………………………

3.   …………………………………………………

4.   …………………………………………………

5.   …………………………………………………

6.   …………………………………………………

7.   …………………………………………………

8.   …………………………………………………

9.   …………………………………………………

10.   …………………………………………………

Bemerkungen

Problemkreise – Entwicklungsprogramme zur Kultur und deren Auswirkung

1. ....

2. ....

3. ....

4. ....

5. ....

6. ....

7. ....

8. ....

9. ....

10. ....

Bemerkungen

Problemkreise – Entwicklung von Kunst- und Kulturplatt-
formen und deren Auswirkung

1.   ……………………………………………
2.   ……………………………………………
3.   ……………………………………………
4.   ……………………………………………
5.   ……………………………………………
6.   ……………………………………………
7.   ……………………………………………
8.   ……………………………………………
9.   ……………………………………………
10.   ……………………………………………

Bemerkungen

KAPITEL 10
DIE POLITPARTEI
<SICHERHEIT UND NOTSTAND>

Der Begriff der Sicherheit umfasst verschiedene gesell
schaftliche Bereiche (Wirtschaft, Technik, Innen- und Au
ßenpolitik etc.) und lässt sich eher als normative Ziel
setzung denn als realer Zustand begreifen. Vor allem im
Bereich der Inneren Sicherheit wird seit den Anschlägen
vom 11. September 2001 von einem veränderten Sicherheitsbedürfnis oder einem erweiterten Sicherheitsbegriff
gesprochen. Dabei hat Innenminister a. D. Otto Schily das
„ Grundrecht auf Sicherheit" in die Diskussion zur Recht
fertigung verschärfter Sicherheitsgesetze eingebracht.
Diese Konstruktion geht auf den Staatsrechtler Josef Isen
see zu rück, der damit 1982 einen Beitrag zur Debatte
über das Verhältnis von Freiheit und Sicherheit geleistet
hat. Er will das „Grundrecht auf Sicherheit" der von ihm
so genannten „liberalen Staatsabwehrdoktrin" entgegen
setzen. Da das „Grundrecht auf Sicherheit" im Grundge
setz nicht ausdrücklich erwähnt ist, wird es aus unge-
schriebenem Verfassungsrecht, aus der Rechtsprechung
des Bundesverfassungsgerichts oder aus Völkerrecht ab
geleitet. Gegen das „Grund   recht auf Sicherheit" wird
eingewandt, dass es die Grundrechte entindividualisiere,
die Freiheitsrechte in ihr Gegenteil verkehre und im Übri
gen die Sicherheit des Einzelnen insbesondere durch
die Grundrechte betreffend Leben, Gesundheit und Frei
heit ausreichend geschützt sei. Sicherheit sei kein Grund
recht, sondern eine Staatsaufgabe. Die rechtwissenschaft
liche Kommentierung zum Grundgesetz hat das „Grund
recht auf Sicherheit" bislang nicht aufgegriffen.

Diese Politpartei hat in der Tat in den vergangenen 20 Jahren an Bedeutung gewonnen. Die Sicherheit der Bevölkerung steht besonders im Vordergrund bei:

- Terroraktivitäten
- Kriminellem Bandenwesen
- Attentaten
- Entführungen, Verschleppungen
- Kriegerischen Auseinandersetzung
- Vandalismus
- Ausschreitungen bei Demonstrationen
- Häusliche Gewalt
- Kulturgüterschutz
- AKW Schutz
- Veranstaltungsschutz
- Diebstahlsschutz
- Umweltkatastrophen
- Schutz vor Diskriminierung
- Schutz vor Menschenhandel
- Bekämpfung der Folter
- Schutz der Religions- und Glaubensfreiheit

Unzweifelhaft sind die Anforderungen an Sicherheits- und Notstandsgewährung massiv gestiegen. In vielen Ländern ist die Kriminalität enorm angestiegen und wird, wenn der Staat die Präventivmassen nicht deutlich verstärkt noch viel stärker zunehmen. Fehlende Bildungsinstitutionen, Verwahrlosung von Kindern, hohe Arbeitslosigkeit, miserable Wohnverhältnisse, Korrupte Regierungen, schamlose Ausbeuter in der Wirtschaft und mangelndes oder gar fehlendes Gesundheitswesen sind die wichtigsten Ursachen für die wachsende Zunahme an Sozialproblemen.

Die Frage, wie weit der Staat Sicherheit garantieren muss, ist gewiss auch eine Philosophische. Die Limits sind da erreicht, wo ein Staat durch Sicherheitsmassnahmen die Freiheit seiner Bürger einschränkt, um etwa die Regierung selbst zu schützen. Die Machtkonzentration auf eine Person, wie wir sie aus der Geschichte kennen und wie sie sich immer wieder wiederholt, führt dann von der Demokratie in eine Scheindemokratie und von dort in eine Diktatur. Ave Caesar – morturi te salutant!

Einer Publikation der deutschen Bundespartei für politische Bildung (bpb) ist zu entnehmen:

Die Sicherheitspolitik und ihre Trägerinstitutionen stehen vor neuen Herausforderungen. Während auf der einen Seite das Sicherheitsbedürfnis der Bevölkerungen wächst, beispielsweise durch die zunehmenden transnatio nalen Verflechtungen, fehlen auf der anderen Seite inter nationalen und staatlichen Akteuren häufig die Kapazitä ten, um mit dieser Entwicklung Schritt zu halten. Kritiker eines "erweiterten" Sicherheitsbegriffs sehen in diesem Trend die Gefahr einer "Militarisierung" von (zivilen) Po litik- und Gesellschaftsbereichen.

Die Vielschichtigkeit der neuen Sicherheitsprobleme fin det auch Eingang in das strategische Konzept der NATO. Das einst im Kalten Krieg der Supermächte gegründete Verteidigungsbündnis sieht sich im 21. Jahrhundert einer Entwicklung gegenüber, die von der drohenden Verbrei tung von Massenvernichtungswaffen und zunehmend glo bal wirkenden innergesellschaftlichen Problemen gekenn zeichnet ist. Sowohl die Absicht, die militärischen Fähig keiten stärker mit zi vielen Aspekten der Konfliktbear

beitung zu verzahnen als auch das Streben von Sicher
heitskreisen nach Hightech-Waffensystemen, getrieben
von der Illusion eines "unblutigen Krieges mit garantier
tem Erfolg", dienen als Blaupause.

Um ein neues Verständnis von Sicherheit umsetzen zu
können und neue Lösungsstrategien zu entwickeln, bedarf
es "unkonventioneller Wege, die über die bestehenden
Strukturen und Prozesse hinausgehen - etwa die Vision
des US-Präsidenten Barack Obama von einer atomwaffen
freien Welt. Mit dem kühnen Plan wurde eine Debatte
angestoßen, in welcher bereits "der Weg das Ziel ist".
Zu einer nachhaltigen Friedens- und Sicherheitspolitik ge
hört es auch, den Einfluss von sozial bestimmen "Ge
schlechterverhältnissen in Gesellschaften für die Dynami
ken von Krisen und bewaffneten Konflikten" mitzuden
ken.

Die "globale Null" für Atomwaffen - Essay

**Die Krise des nuklearen Nichtverbreitungsregimes be
steht fort. Das Ziel einer Welt ohne Kernwaffen ist da
her sinnvoll. Kreative Lösungen wie die internationale
Zusammenarbeit bei der Raketenabwehr sind erfor
derlich.**

Mehr als 65 Jahre nach den Atombombenabwürfen auf
die japanischen Städte Hiroshima und Nagasaki haben wir
uns an das gewöhnt, was wir gemeinhin als das "nukleare
Tabu" bezeichnen. Kernwaffen, so lautet seit dem Ost-
West-Konflikt das Mantra, sind politische Waffen, die der
Abschreckung dienen, jedoch nicht eingesetzt werden.
Doch können wir uns wirklich so sicher sein? Wissen wir

überhaupt, ob Abschreckung im Kalten Krieg funktioniert hat, und wenn ja, war nicht auch sehr viel Glück im Spiel? Und was helfen uns die Erfahrungen aus den Jah ren einer relativ überschaubaren Blockkonfrontation in ei ner Welt, in der es womöglich bald fünfzehn oder gar zwanzig Atommächte gibt? Sind 65 Jahre weltgeschicht lich betrachtet nicht eine viel zu kurze Zeitspanne, um da raus den sicheren Schluss zu ziehen, dass auch künftige Generationen von Atomwaffeneinsätzen verschont blei ben? Wenn wir uns dessen aber nicht sicher sind, müssen wir uns dann nicht darum bemühen, alle Atomwaffen aus der Welt zu schaffen? Schließlich wäre dies der einzig wirklich sichere Weg, künftige Hiroshimas und Nagasakis zu verhindern. Wenn aber die Abschaffung aller Nuklear waffen auf die internationale Agenda gehört, wie können wir dieses Ziel verwirklichen? Welche Hürden gilt es zu überwinden, welche Widerstände zu brechen? Und wie müsste eine Welt ohne Kernwaffen so gestaltet werden, dass am Ende mehr und nicht weniger Sicherheit entsteht?

Wandel der Sicherheitskultur

Die Wahrnehmung dessen, was als Gefahr an- gese hen wird, wird von einem sich stetig verstärkenden Si cherheitsbedürfnis der Gesellschaft und den sich be ständig ausweitenden Sicherheitsversprechen des Staa tes geprägt.

Sicherheit ist der zentrale Wertbegriff unserer Gesellschaft. Das war nicht immer so. Noch vor wenigen Jahren konkur rierten die Begriffe "Sicherheit" und "Frieden" um den Vorrang in Strategiedebatten und Parteiprogrammen.

Heute ist "Sicherheit" der Goldstandard nationaler und internationaler Politik, und vom Frieden wird fast nur noch in politischen Sonntagsreden gesprochen. Darin zeigt sich eine veränderte Wahrnehmung politischer Probleme und das, was man den Wandel der Sicherheitskultur nennen kann. Unter "Sicherheitskultur" soll die Summe der Überzeugungen, Werte und Praktiken von Institutionen und Individuen verstanden werden, die darüber entscheiden, was als eine Gefahr anzusehen ist und wie und mit welchen Mitteln dieser Gefahr begegnet werden soll. Dieses Verständnis verbindet zwei Forschungsstränge, nämlich technikwissenschaftliche Ansätze zu *safety culture* und politikwissenschaftliche Ansätze zu *strategic culture*.

Ursprünglich geht der Begriff der Sicherheitskultur auf eine Expertengruppe zurück, die im Auftrag der Internationalen Atomenergiebehörde (IAEA) 1986 den Reaktorunfall von Tschernobyl untersuchte. Im Anschluss daran werden in der technischen Sicherheitsforschung die institutionellen Grundlagen des Sicherheitsmanagements und das Sicherheitsbewusstsein der Mitarbeiterinnen und Mitarbeiter einer Organisation als "Sicherheitskultur" bezeichnet. In der politikwissenschaftlichen Sicherheitsforschung hat sich demgegenüber der Begriff der "strategischen Kultur" etabliert, um die politischen Überzeugungen, Ansichten und Verhaltensmuster nationaler Eliten im Hinblick auf militärische Sicherheitsbelange zu erfassen.[2] Führt man diese Verständnisse unter konstruktivistischer Perspektive zusammen - das heißt einer Perspektive, die kulturelle und normative Aspekte internationaler Politik ernst nimmt- kann man von Sicherheitskultur als den Überzeugungen, Werten und Praktiken sprechen, die das Sicherheits- und Unsicherheitsempfinden von Staaten,

Gesellschaften und Individuen bestimmen und die Sicherheitspolitik prägen.

Diese Sicherheitskultur, so das zentrale Argument dieses
Beitrags, wandelt sich und stellt die Sicherheitspolitik zunehmend vor Aufgaben, die kaum noch zu erfüllen sind.
Es besteht gegenwärtig ein Widerspruch zwischen dem
gesellschaftlichen Sicherheitsbedürfnis und der Fähigkeit
staatlicher und internationaler Akteure, dieses Bedürnis zu
befriedigen. Dabei ist nicht so sehr die absichts-volle Dra-
matisierung von politischen Problemen von Seiten politischer Entscheidungsträger, das häufig als die "Versicher-
heitlichung" (*securitization*) bezeichnet wird, die trei-
bende Kraft, sondern das Zusammenspiel zwischen den
stetig wachsenden Sicherheitsbedürfnissen liberaler Gesellschaften und den bereitwillig gegebenen Sicherheitsversprechen der Staaten. Die Pointe ist, dass der Staat
gleichsam zum Opfer seines eigenen Erfolgs wird. Denn
in dem Maße, in dem der Staat für elementare Sicherheit
sorgt, entwickelt die Gesellschaft weitergehende Sicher-
heitsbedürfnisse. Obwohl der Staat immer weniger in der
Lage ist, diese Bedürfnisse zu befriedigen, kann er sie
nicht zurückweisen, ohne seine Legitimationsgrundlage -
die Gewährleistung von Sicherheit zu unterminieren.

Schon Wilhelm von Humboldt hat auf diesen latenten Widerspruch hingewiesen, als er 1792 schrieb: "Diejenigen,
deren Sicherheit erhalten werden muss, sind auf der einen
Seite alle Bürger in völliger Gleichheit, auf der anderen
der Staat selbst." Die These dieses Beitrags ist, dass unter
den Bedingungen von Globalisie   rung und Denationa-
lisierung dieser Widerspruch manifest wird und sich gegenwärtig dramatisch verschärft.

Der Wandel der Sicherheitskultur lässt sich anhand der
graduellen Erweiterung des Sicherheitsbegriffs in den vergangenen fünfzig Jahren darstellen. Dabei lassen sich vier

Dimensionen unterscheiden. Die erste Dimension betrifft das Referenzobjekt, also die Frage, wessen Sicherheit gewährleistet werden soll. Die zweite Dimension ist die Sachdimension, also die Frage, in welchem Problembereich der Politik Sicherheitsgefahren festgestellt werden. Die dritte Dimension betrifft die Raumdimension, mithin die Frage, für welches geografische Gebiet Sicherheit angestrebt wird. Die vierte Dimension betrifft schließlich die Gefahrendimension, also die Frage, wie das Problem konzeptualisiert wird, auf das Sicherheitspolitik antworten soll.

Drohnenkrieg: Die konsequente Fortsetzung der westlichen Revolution in Military Affairs

Westliche Staaten rüsten ihre Armeen immer häufiger mit modernsten Hightech-Waffensystemen aus. Dabei steht der Wunsch, eigene Verluste zu vermeiden, im Vordergrund. Der Ansatz birgt auch Gefahren, die oft heruntergespielt werden.

Spätestens mit dem Rücktritt von Donald Rumsfeld als Verteidigungsminister der USA im Dezember 2006 schien die vor allem von den USA vorangetriebene *Revolution in Military Affairs* (RMA), also das Streben nach Hightech-Waffensystemen und die umfassende Vernetzung dieser Waffen mit modernster Informationstechnologie, ihr Ende gefunden zu haben. So sehr sich amerikanische Hochtechnologie in den zwischenstaatlichen Kriegen gegen den Irak, Serbien und Afghanistan aus militärischer Sicht bewährt hatte, so wenig schienen die neuartigen Waffensysteme für asymmetrische Guerilla-Kriege geeignet. *Boots on the ground*, also Bodentruppen schienen die Lösung zu sein, mit der westliche Staaten die Situation im Irak und in Afghanistan wieder unter Kontrolle bekommen wollten, das Streben nach umfassenden Hightech-Armeen schien für die neuen asymmetrischen Szenarien der vermeintlichen Nachkriegszeit nicht geeignet. Allerdings zeigt sich aktuell, dass sich zentrale Elemente der RMA und der Gedanke einer über Informationstechniken (IT) vernetzten Kriegsführung inzwischen vom zwischenstaatlichen Szenario emanzipiert haben. Sie werden auch für die Aufstandsbekämpfung (*counter insurgency*) oder die Terroristenjagd als zentrale Erfolgsrezepte angesehen. Mit dem rasant ansteigenden

Einsatz zunehmend auch bewaffneter Drohnen (*unman ned combat aerial vehicles*, UCAV) auf den Schlachtfel dern des Irak, Afghanistans und zunehmend auch Pakis tans kommen nämlich Systeme zum Einsatz, welche die Grundgedanken der *Revolution in Military Affairs* in ganz besonderer Weise in sich vereinen und als idealtypi sche Waffen des militärischen Transformationsgedankens zählen können. RMA und die Transformation westlicher Streitkräfte hin zu Hightech-Armeen sind in den Köpfen militärischer Planer also mitnichten überholt. Ent- spre chend kommen beim Streben nach und dem Ein-satz von U(C)AVs zumindest in westlichen Staaten die gleichen Motive zum Ausdruck, die auch als wichtige Antriebs kräfte hinter der RMA standen: das politisch motivierte Streben, Militäreinsätze durchzuführen, bei denen die ei genen Truppen einer so geringen Gefahr wie möglich ausgesetzt werden.

Ausblick

Die Handlungsfelder für die internationale Sicher- heits politik haben sich deutlich verändert, es sind neue Risiken und Formen der Auseinandersetzung entstanden und ne ben alten Akteuren sind neue hinzugetreten. Das Heft skizziert in 14 Kapiteln aktuelle und künftige Herausfor derungen für die internationale Sicherheitspolitik.

"

Problemkreise – Entwicklung eines Sicherheitsdispositivs und dessen Auswirkung

1. ....

2. ....

3. ....

4. ....

5. ....

6. ....

7. ....

8. ....

9. ....

10. ....

Bemerkungen

Problemkreise – Entwicklung eines Notfalldispositivs und dessen Auswirkung

1. ……………………………………………
2. ……………………………………………
3. ……………………………………………
4. ……………………………………………
5. ……………………………………………
6. ……………………………………………
7. ……………………………………………
8. ……………………………………………
9. ……………………………………………
10. ……………………………………………

Bemerkungen

Problemkreise – Freiheit vs. Sicherheit und deren Auswirkung

1. ....

2. ....

3. ....

4. ....

5. ....

6. ....

7. ....

8. ....

9. ....

10. ....

Bemerkungen (wie weit Überwachung des Menschen gehen soll)

Nachwort – die Umsetzung im Fokus

Neue Ideen rufen erfahrungsgemäss zuerst die Gegner auf den Plan, besonders in der Politik. Politiker wollen in der Regel keine allzu starken Veränderungen, wollen sich auch nicht übermässig exponieren, wollen wieder gewählt werden und berufen sich bei jeder Gelegenheit auf den Volkswillen. Dieses Verhalten muss nicht durchwegs negativ sein; denn bei jedem Fortschritt ist auch darauf zu achten, dass Gutes aus der Vergangenheit in die Zukunft hinübergenommen wird. Was sich bewährt, hat also auch in diesem Politmodell seinen Platz.

Doch die grosse Veränderung hin zur Sachparteienpolitik (SPP) ist unumgänglich, will ein Land ernsthaft seine Zukunft gestalten, ehe es zu spät ist.

Andererseits sind Politiker hoffnungslos überfordert, wenn sie in allen Sachgebieten mitdenken und mitreden sollen. Die Welt ist komplexer geworden, die digitale Beschleunigung eine grosse Herausforderung, die Zunahme der älteren Bevölkerungsanteile so gross, dass alle bisherigen Versorgungssysteme ob kurz oder lang nicht mehr greifen.

Deshalb die Hilfe der Einführung der Sachpolitgruppen über folgende Schritte:

Acht Ressorts müssen kompetent strukturiert werden. Folglich gibt es in Zukunft auch acht Politgruppen und demnach folgende Schritte:

Schritt 1

Die bisher aktiven Parteien, die ihre Bezeichnungen behalten oder auch wechseln können entscheiden sich für ein Politthema, das inskünftig bearbeiten wollen.

Schritt 2

Politthemen, die im derzeitigen Parteiensystem mangels Parteien nicht zugeteilt werden können, werden einer neu zu gründenden Politpartei übertragen.

Schritt 3

Jede der acht Politparteien gründet ein auf die Sachgebiete fokussiertes Expertenteam, dem Wissenschafter und Unternehmer angehören. Ihre erste Aufgabe ist, alle Fakten zum Sachgebiet zu sammeln, um daraus einen Umsetzungskatalog zu erstellen, aus dem die Ziele und die Massnahmen mit den Kosten und ggf. Einnahmen, die dazu führen in einem Zeitraster dargestellt werden. Der Haushalt wird von den 8 Politparteien nach Verfügbarkeit und Zielprioritäten in den einzelnen Sachbereichen aufgeteilt.

Schritt 4

Alle 8 Politparteien ernennen auch einen Lenkungsausschuss oder eine Geschäftsprüfungskommission, welche die Umsetzung der Teilziele kontrolliert und ggf. Mängel unverzüglich aufdeckt.

Schritt 5

In allen Politparteien wird nun das Programm im Sinne eines kurzfristigen Programmes über 3 Jahre, eines mittelfristigen Programmes über 6 Jahre und eines langfristigen Programmes über 12 Jahre ausgearbeitet und der Bevölkerung zur Genehmigung durch eine Abstimmung vorgelegt.

Schritt 6

Die vom Volk genehmigten Programme können nun sehr effektiv bearbeitet werden. Jede Politpartei und ihre Experten berichten periodisch über die Fortschritte.

6 Schritte sind es also, die zum Fortschritt führen und die jedem Land eine ganz neue politische Dynamik geben. Der Bürger stimmt nicht mehr für eine Partei, die links, in der Mitte oderrechts steht – nein er stimmt für die Politpartei, die seiner Meinung nach ihre Arbeit gut macht. Auch der Bürger kann sich für eine oder zwei Politparteien entscheiden, deren Sachgebiete ihm besonders am Herzen liegen.

Es ist auch denkbar, dass der Bürger im Laufe seiner Lebenszeit die Sachprioritäten anders wählt. Eine junge Familie wählt vielleicht zuerst das Bildungswesen, später das Wirtschaftswesen und noch später das Gesundheitswesen. Viele Bürger in Schwellenländer wählen wahrscheinlich die Politparteien, die jene Sachgebiete betreuen, die für sie selber die grössten Nöte bringen.

Die Neustrukturierung der politischen Landschaft nach Sachgebieten bringt eine enorme Beschleunigung der Umsetzungsprozesse mit sich. Was heute im klassischen System vielfach über Jahre zerredet wird, gehört der Vergangenheit an.

Ein weiterer Vorteil des Sachpolitsystems dürfte darin liegen, dass keine Partei zu klein oder zu gross ist. Das Dominanzverhalten wird durch das Sachverhalten ersetzt, bei dem es weder <gut> noch <schlecht> gibt. Die Diskussion dreht sich ganz konzentriert auf die Sachbereiche und die Umsetzungsprojekte.

Es kann von Vorteil sein, wenn bei der Strukturierung der neuen Politlandschaft erfahrene Beratungsunternehmen als neutrale Experten Unterstützung leisten und damit Vor- und Nachteile egalisiert werden.

Nur wer die historischen Trampelpfade der Politik verlässt, schafft sich den Freiraum einer neuen, sachbezogenen Ausrichtung allen politischen Handelns.

Die Leser dieses Buches, das nichts weiter als Denkanstösse zur Veränderung der politischen Welt geben will, können ihre Gedanken zu den einzelnen Themen direkt am Schluss eines jeden Kapitels notieren und in der politischen Gruppe besprechen, die sich für die Umsetzung stark macht. Es wäre ein Glück für die Menschen, die in dem Land, in dem sie geboren wurden, eine echte Lebenschance bekämen. Flucht ist nämlich nichts anderes als die Antwort an die Politik und deren Exponenten eines jeden Landes, die unfähig sind, den Menschen, Tieren und Pflanzen den entsprechenden Lebensraum zu geben oder zu schaffen.

Das Expertenteam um den Autor ist gerne bereit, Regierungen und politische Parteien bei der Formierung von Arbeitsgruppen zu unterstützen.